어른의 말센스

KB106025

일과 관계가
단번에 좋아지는
54가지 말투

SENSE OF WORDS

어른의
말센스

히키타 요시아키 지음 | 송지현 옮김

'사람을 움직이는 말투'에 관한 진짜 있었던 이야기

1962년 9월 12일, 텍사스주 휴스턴에 있는 라이스대학교에서 35대 미국 대통령인 존 F. 케네디가 세계를 향해 이렇게 연설했습니다.

"우리는 1960년대가 지나기 전에 달에 갈 것입니다."

사람들은 불가능하다고 말했습니다. 하지만 미국은 이 말을 계기로 움직이기 시작합니다. 그리고 7년 후인 1969년 7월 20일, 아폴로 11호가 달 표면에 착륙했습니다. 케네디 대통령의 공약이 실현된 것입니다.

사람들은 어째서 케네디의 이 말에 움직였을까요? 비밀은 바로 '1960년대가 지나기 전'이라는 구절에 있었습니다. 목표를 명확히 제시함으로써 단순한 꿈dream을 구상vision으로 바꾼 것입니다. 케네디는 단 한마디로 인류의 역사를 크게 움직였습니다. 대단한 일이지요.

말에는 사람을 움직이는 힘이 있습니다.

하지만 많은 사람이 충분히 설명하지 않거나 적절하지 못한 순서로 말하곤 합니다. 상대의 사고방식이나 가치관을 무시한 채 이야기하기도 하죠. '모두 이렇게 움직여줬으면 좋겠어', '저 사람이 이렇게 해주면 좋을 텐데', '나는 이렇게 하고 싶어'를 제대로 표현하지 못해서 말이 지닌 본래의 힘, 즉 사람을 움직이는 힘을 발휘하지 못하는 경우가 많습니다.

특히 요즘은 생각한 바를 이야기하기 어려운 시대입니다. 말을 할 때 주변 사람, 특히 윗사람의 안색을 살피게 되고, 내 말로 괜히 분위기를 망칠까 봐 하고 싶은 말을 참기도 합니다. 자칫 잘못했다간 SNS에서 악플을 받을지도 모릅니다. 말의 힘을 발휘하기가 더욱 어려워진 것입니다.

저는 일본의 대형 광고 회사인 하쿠호도에서 광고 문구와 CF를 제작해왔습니다. 스피치라이터로서 많은 정치인과 기업 경영자의 연설을 쓰기도 했습니다. 메이지대학교를 비롯한 여러 대학의 강단에 서는 한편 어린이신문인 〈아사히 초등학생 신문〉에서 칼럼을 연재하고 있습니다.

정치인이 국가와 국민을 움직일 수 있는 말을 생각했고, 어린이를 독서와 언어 공부로 이끌 수 있는 말을 찾아왔습니다. 사회인과 대학생을 대상으로 '말의 힘'을 발휘할 수 있는 방법을 온라인 강의, 텔레비전, 라디오, 대면 강의로 가르쳤습니다.

이처럼 세대와 직업, 지역과 커뮤니티를 막론하고 다양한 사람들을 만나 오면서, 사람들이 말에 대해 어떤 고민을 안고 있는지 알게 되었습니다. 그런 고민에 제 나름의 해결책을 제시하고 싶은 마음에서 이 책을 썼습니다.

이 책의 도입은 고민 상담에 대한 편지 형식을 취하고 있습니다. 불특정 다수의 사람에게 보내는 문장보다 단 한 사람을 위한 메시지가 더욱 마음 깊이 가닿으리라 생각했기 때문입니다. 많은 분이 '나와 같은 고민'이라고 느껴주시길 바라는 마음입니다.

성숙한 말센스를 익히기 위해서는 나와 다른 세대, 나와 다른 직업을 가진 사람의 고민을 아는 것도 중요합니다. 그래서 이 책에서는 다양한 직업과 나이대의 사람들의 사연을 소개했습니다.

세계가 변혁의 시대를 맞이한 지금, 말 역시 크게 변하고 있습니다.

코로나바이러스19이하 코로나19의 영향으로 어느샌가 집에서 원격으로 일하는 생활 스타일이 자리 잡았지요. 표정이나 몸짓, 그 자리의 분위기를 통해 상대에게 마음을 전하기가 어려워진 것입니다. 아무 생각 없이 내뱉은 농담이나 속내가 온 세상에 퍼지기도 합니다.

생각지도 못했던 한마디 때문에 악플 세례를 받을 수도 있습니다. 그런 일이 무서워서 에둘러 말하는 바람에 중요한 것을 전하지 못할 때도 생깁니다. 인류 역사상 말의 역할과 책임이 이만큼 막중했던 시대는 없을 것입니다.

그러니 더욱 몸을 단련시키듯 말센스를 단련해서 스스

로 강해져야 합니다.

여러분도 케네디처럼 사람을 움직이고 원하는 결과를 얻는 말투를 익힐 수 있습니다. 그런 마음을 이 책에 담았습니다.

자, 이제 말의 힘으로 세계를 움직여봅시다.

히키타 요시아키 올림

1

상대가 알아서 움직이는
'언어의 마술사'가 되는 법

> "부하 직원이 생각처럼
> 적극적으로 일해주지
> 않아요."

고민 의뢰인
김수현(39세)

수현 씨는 온라인 교육 콘텐츠를 제공하는 회사에서 근무하고 있다. 입사했을 때는 작은 회사였는데 학교 수업이 급속히 온라인화 되면서 지금은 약 200명이 일하는 회사로 성장했다.

온라인 강의를 맡아줄 선생님을 발굴하고 협상하는 것이 수현 씨의 일이다. 현재 부하 직원은 두 명. 그런데 이 직원들이 생각처럼 일해주지 않는다.

"두 사람 모두 건성으로 대답할 뿐이에요. 시킨 일은 하지만 적극적으로 움직이지 않아요. 처음에는 이 둘의 업무 의욕이 낮은 편이라고 생각했는데, 곰곰이 되돌아보니 강사 선생님들도 제가 말을 걸면 언짢아하거나 소극적으로 반응했어요. 제 말투에 문제가 있는 걸까요?"

수현 씨의 바람은 상대가 저도 모르게 움직이게 되는 대화법을 배우는 것이다. 자기 일처럼 적극적으로 나서게 만드는 비법이 있다면 가르쳐달라며 메일을 보냈다.

의성·의태어를 써서 말하자

사람을 움직이는 말투

　수현 씨, 메일 감사합니다. 요즘 온라인 교육업계가 호황을 맞았지요. 저도 가끔 강사로 초청받는데, 수강생이 모집되지 않으면 다음에는 연락이 오지 않는답니다. 치열한 세계예요.

　자, 그럼 질문에 답하겠습니다. '사람을 움직이는 말투'는 정말 중요하지요. 사람은 말을 어떻게 거느냐에 따라 바로 움직이기도 하고, 기분이 상해서 굳어버리기도 하니까요.

의욕을 끌어올리는 단어를 넣는다

제가 어릴 때 겪었던 일입니다.

초등학교 청소 시간에 제 담당은 창문 닦기였는데, 전혀 할 마음이 생기지 않아 걸레로 유리를 대충 문지르고 있었어요.

그런데 선생님이 이렇게 말씀하시는 거예요.

"히키타! 여기까지 뽀득뽀득 소리가 들리게 닦아볼래?"

새로 오신 선생님이 유리창에서 나는 소리를 들으려고 귀에 손을 대고 계셨습니다. 갑자기 의욕이 솟더군요. 손에 힘을 주고 창문을 닦기 시작했습니다. 그 모습을 본 선생님은 고개를 크게 끄덕이며 "들린다! 잘 들려!"라고 말하고는 빙그레 웃으셨죠.

태어나서 처음으로 다른 사람의 말을 듣고 움직인 경험이었습니다. 마법에 걸린 것처럼 의욕이 샘솟았어요. 이유가 무엇이었을까요?

짐작컨대 원인은 '뽀득뽀득'이라는 의태어입니다. 그 안에는 '힘을 주고', '열심히'라는 의미가 담겨 있습니다. 게다가 힘을 얼마나 주면 될지 직감적으로 느껴지니 머리로 생각하지 않아도 바로 행동으로 옮길 수 있었지요.

초등학교 선생님 중에는 '의성·의태어의 마술사'가 많이 있습니다.

"연필에서 **사각사각** 소리가 나면 제대로 공부하고 있다는 증거야."
"반에서 제일 키가 큰 사람처럼 등을 **쭉** 펴고 일어서 봐."

이렇듯 의성·의태어를 집어넣으면 어떻게 움직여야 하는지 바로 전해집니다.

만화는 의성·의태어의 보물 창고

예를 들어 수현 씨가 온라인 강의를 맡아 줄 선생님을 이번 주 금요일까지 찾아야 한다고 해봅시다. 어떤 선생님이 좋을까요?

의성·의태어를 넣어서 표현해보지요.

· 방에 조명이 없어도 될 만큼 **반짝반짝** 밝은 사람을 고르자.

· 웃음소리가 **와그르르** 터져 나올 듯한 활기찬 선생님이 좋다.

· **찰랑** 하고 맑은 소리가 날 것 같은 상쾌한 느낌의 선생님이 좋다.

그저 '청중을 많이 모을 수 있는 유능한 선생님'이라고만 하면 서로 다르게 이해할 수밖에 없습니다. 이성뿐 아니라 감성과 몸 전체에 울림을 주는 언어를 골라 써야 합니다.

의성·의태어를 배우기 가장 좋은 교재는 만화입니다. 만화에서 자주 쓰이는 의성·의태어를 일상 대화에 넣어봅시다.

"시간은 많지 않지만 금요일까지 **활활** 불태워 봅시다."

"좋은 선생님을 만나면 **꽉!** 붙잡고 놓치면 안 돼요."

"**찌릿** 하고 느낌이 오는 선생님이 있으면 바로 알려줘요."

의성·의태어를 사용하면 의미를 풍부하게 표현할 수 있습니다. 두통을 '지끈지끈'이나 '띵하게'라고 표현하면 어떤 아픔인지 실감나게 전달될 것입니다.

의성·의태어가 유치하게 들린다는 말은 옛날이야기예요. 만화를 읽는 사람이 많아진 오늘날에는 적극적으로 활용하면 할수록 좋습니다.

'천국'과 '지옥'을 상상하게 만들자

의욕을 불러일으키는 이야기를 만드는 법

⬛✉️

수현 씨, 두 번째 레슨으로 가볼게요. 의성·의태어를 사용했더니 사람이 변한 것 같다는 말을 들었다고요. 무슨 말씀인지 알 것 같습니다. 지적인 분위기를 풍기던 수현 씨가 갑자기 만화적인 말투를 쓰니 주위 사람들도 조금 놀랐을 거예요. 하지만 괜찮지 않나요? 사람을 움직이려면 우선 자기 자신이 변해야 하니까요.

오늘의 코칭 내용은 '사람을 움직이는 이야기를 만드는 법'입니다.

무언가를 상상하면 마음이 움직인다

비결은 어렵지 않아요. '행동했을 때의 천국을 상상하게 만든다', 그리고 '행동하지 않았을 때의 지옥을 상상하게 만든다'입니다. 우선 천국이 어떤 것인지 살펴봅시다.

저는 오랫동안 광고업계에 몸을 담아 왔습니다. 생각해보면 광고란 천국을 상상시키는 이야기를 만드는 일이라고도 할 수 있어요.

'이것을 사면 얼마나 편리한 생활이 기다리고 있는가', '이것을 배우면 얼마나 가능성의 폭이 넓어지는가', '이 회사를 신용하면 어떤 미래가 기다리고 있는가'.

이처럼 광고는 밝은 미래를 상상하게 만듭니다. '이렇게 되면 좋을 거야'를 상상하면 실현 가능성이 높아집니다. 이렇듯 말로써 상대의 의욕을 북돋우는 행위를 '예축豫祝'이라고 합니다. 예축이란 미리 축하한다는 뜻입니다.

예를 들어 경쟁 프레젠테이션에서 이기고자 마음먹었다면, 미리 '압도적으로 큰 승리를 거둔 셈'치고 축하하는 행동을 하면서 성공 경험을 미리 맛보는 것이죠. 이렇게 하면 어떤 어려움이 있어도 극복해서 그 성공을 실제로 느끼고 싶다는 마음이 샘솟아 행동을 개시하게 됩니다. 중요한 것은 미래를 예측하는 데 그치지 말고 '이미 이긴 것'을 전제로 축하하는 것입니다.

저도 무언가를 꼭 해내야 할 때는 성공했을 때의 이미지를 생생하게 떠올리는 방법을 사용합니다.

그런데 사실 세상에는 '밝은 미래'에 회의적인 사람이 많습니다. 행동하지 않았을 때 어떤 지옥도가 펼쳐지는지를 상상하는 편이 차라리 움직이기 쉽다는 사람도 있지요.

동일본대지진 때 함께 일을 했던 행정관은 '최악의 시나리오'를 리포트 용지에 한가득 적어두는 사람이었습니다. 그는 이렇게 말했습니다. "낙관적인 시나리오는 필요 없어요. 일어날 수 있는 최악의 사태를 상정하고 그것을 어떻게 피할지 생각하는 것이 공무원의 일입니다."

실제로 그 사람이 생각한 최악의 시나리오 덕분에 가장 나쁜 사태를 면할 수 있었습니다. 절대로 일어나선 안 되는 일을 떠올리게 하고, 그것을 피하는 행동으로 유도하는 방법도 사람을 움직이는 힘이 됩니다.

두 개의 선택지를 종이에 적는다

'천국'과 '지옥' 어느 쪽의 시나리오가 더 효과적인지는 사람의 성격에 따라 다릅니다. 그래서 잘못 고르면 자칫 역효과가 날 수 있어요.

사람을 설득해야 하는 입장에선 두 시나리오를 모두 만드는 게 좋습니다. 일단 만들어두면 다른 사람뿐 아니라 자기 자신도 행동하기 쉬워집니다. 천국과 지옥을 상상하는 과정을 통해 일의 전체상이 눈에 들어오기 때문이지요.

쓸 때는 반드시 종이에 적습니다. 머릿속으로 상상하는 것으로는 불충분합니다.

천국은 좋아하는 색으로, 지옥은 어두운 인상의 색으로 쓰기를 추천합니다. 참고로 저는 천국을 적을 때는 옅은 물색을 사용하고, 지옥은 진한 회색을 이용해 쓴답니다.

한 번에 다 적는 것이 아니라 틈틈이 추가하는 것이 좋아요. 시간이 흐르면 '지옥'과 '천국'의 예상 모습도 변해가니까요.

가장 대표적인 예로 많은 종교가 천국과 지옥에 해당하는 '이미지'를 제시하고 있습니다.

그 성의 빛이 지극히 귀한 보석 같고 벽옥과 수정같이 맑더라. 모든 눈물을 그 눈에서 씻기시매 (…) 애통하는 것이나 곡하는 것이나 아픈 것이 다시 있지 아니하리니

〈요한계시록〉 중 '천국'에 관하여

창백한 말 한 마리가 있는데 그 위에 탄 자의 이름은 사망이요 지옥이 그 뒤를 따르니, 그들에게 칼과 굶주림과 사망과 땅의 짐승들로 땅의 사분의 일을 죽일 권세가 주어졌더라.

〈요한계시록〉 중 '지옥'에 관하여

이것이 사람에게 올바른 길을 걷게 하는 가장 좋은 방책이라고 믿은 것입니다. 실제로 효과를 거두기도 했지요. '이것을 달성하면 이런 천국이 기다리고 있다', '지금 이런 것을 하지 않으면 이런 지옥에 떨어져서 두고두고 고생하게 된다'.

이 두 가지를 명확하게 가지고 있다가, 상대의 성격을 보며 구분해서 씁시다. 꼭 시도했으면 하는 방법입니다.

"하지만"과 "자"로 끌어들이자

사람을 바로 움직이게 만드는 한마디

수현 씨, '천국'과 '지옥'에 대한 감상 감사합니다. '천국' 보다 '지옥'이 더 많이 떠올랐다는 말씀에 저도 공감합니다. 사람은 고통스러운 지옥을 생각할 때는 얼마든지 상상력을 발휘할 수 있지만 천국을 그려보라고 하면 지루해서 별 생각이 안 떠오르는 법이에요. 그래서 일본의 소설가 아쿠타가와 류노스케芥川龍之介는 대개 지옥에 관한 글만 썼답니다.

오늘은 '하지 않는 이유를 늘어놓는 사람을 어떻게 움

직이게 할 것인가'라는 질문에 대해 말씀드립니다. 하지 않는 이유를 천재적으로 만드는 사람들이 있지요. 자신에게 불똥이 튀지 않게 모든 일로부터 도망치며 사는 사람이 사실 많습니다. 이런 사람을 대할 땐, '해야 하는 이유'를 들어서는 안 됩니다.

마법의 말① "하지만⋯ ⋯합니다."

그렇다면 어떻게 해야 이 사람이 입을 다물고 움직이기 시작할까요?

많은 말은 필요 없습니다. 상대방이 자신이 안 하는 이유에 대해 이야기를 끝냈다면,

"하지만⋯⋯."

이라고 말하고 잠시 기다립니다. 상대는 "하지만" 다음에 자신의 '하지 않는 이유'를 부정하는 말이 나오리라 생각하고 준비하고 있을 것입니다. 그런데 잠시 기다리면 상대는 '뭐야? 무슨 말로 나에게 반론하려는 거지?' 하고 가벼운 혼란 상태에 빠지게 됩니다. 바로 그때 의지를 담아 "합니다"라는 단 한 마디를 말합니다. 역접 관계 접속

사인 '하지만' 다음에 강하게 '한다'라고 말하면 이전에 나누었던 대화를 전부 부정하는 셈이 됩니다.

> "이번주 금요일, 연초에 설정한 개인목표의 수행 정도에 대해 점검하는 미팅을 가지겠습니다."
> "과장님, 제 생각엔 시간이 얼마 지나지 않은 데다 내부 사정으로 목표 수행 정도가 이야기를 나눌 만큼 진척되질 않았어요."
> "하지만"
> "……"
> "미팅을 진행합니다."

'한다'라는 강한 의지를 담은 말 앞에서는 아무리 '하지 않는 이유'를 늘어놓아도 변명으로 들릴 뿐입니다.

마법의 말② "자, …합시다."

마법의 말이 또 하나 있습니다. 바로 "자,"라는 감탄사입니다.

"자, 합시다"라며 동작과 행동을 일으킬 것을 촉구하는 말은 안내원이 "이쪽으로 가세요"라고 지시하는 것과 같은 효과를 냅니다.

"자, 시작합시다", "자, 이쯤에서 끝냅시다"라고 하면 새로운 국면으로 접어드는 셈입니다.

"자, 최선을 다해봅시다", "자, 빨리 끝냅시다"라고 하면 의사를 표현하는 말이 강화됩니다.

짧은 말이지만 이 말 덕분에 상황 전환이 매끄러워지는 것이죠. 말꼬리가 길고 이러쿵저러쿵 변명하고 싶어 하는 유형의 사람에게 매우 효과적인 방법입니다.

이 말의 효과를 더욱 높이는 몸동작이 있습니다.

아주 잠깐 두 손을 맞비비는 것입니다.

오래 끌어서는 안 돼요. 한순간이면 충분합니다. 웃는 얼굴로 이 몸동작을 취하면 상대의 의욕을 떨어뜨리지 않고 장면을 전환할 수 있습니다.

미국 대통령 선거나 테드TED 강연을 잘 보면 "자, 다음 이야기입니다"라며 손을 잠깐 비비면서 화제를 바꾸는 장면을 곧잘 목격할 수 있어요. 능숙하게 사람들을 유도하는 것이지요.

길게 이야기한다고 생각을 잘 전달할 수 있는 것은 아

닙니다. 상대가 무시할 작정이거나 말싸움에 끌어들이려고 마음먹고 있는 경우라면 휘말리지 않는 것도 한 방법이 될 수 있습니다.

중요한 것은 말싸움에서 이기고 지는 것이 아니라 상대를 확실히 움직이게 만드는 것입니다.

상대가 '이거 안 되겠는데, 이 사람하고는 말이 안 통하네'라고 생각했더라도, 결국 내 생각대로 움직여준다면 그 커뮤니케이션은 성공했다고 할 수 있습니다.

상대방 역시 막상 해보니 생각이 바뀌어서 태도가 변할지도 모릅니다. 대화 안에 "하지만, 한다"와 "자, 하자"를 세련되게 도입해봅시다.

2

장황한 이야기를
깔끔하게 정리해서 말하는 센스

"이야기하다 보면 저도
제가 뭔 말을 하는 건지
모르겠어요."

고민 의뢰인
유지호(33세)

지호 씨는 '말이 많다'는 평을 자주 듣는다. 라디오 방송국에서 PD로 일하고 있을 정도이니 원래 말하는 것을 좋아하는 편이다. 하지만 단순한 '수다'와 업무상 '발언' 사이에는 지호 씨가 생각했던 것 이상의 차이가 있었다. '주절주절 시끄럽다'고 해서 '구구절절'이라는 별명마저 붙었다.

"그러면 안 된다고 생각하면서도 상대도 이해했는지 불안해져서 자꾸 더 설명하게 돼요."

집요하게 설명하는 데다 샛길로 빠지는 경우도 많다. '이런, 삼천포로 빠졌네'라고 머릿속으로 생각하면서도 입에서는 주제와 멀어지는 말만 나온다.

요점을 잘 정리해서 다른 사람이 이해하기 쉽게 이야기하고 싶다. 하지만 말이 끝없이 길어지는 것은 천성이라는 생각도 들어서 정말 바뀔 수 있을지 의심스럽다. 사실 변하는 것이 두렵기도 하다.

부디 '구구절절'에서 벗어나 깔끔하게 말하는 방법을 배우고 싶다는 마음에서 사연을 보냈다.

도입부에 30초의
CF를 집어넣자

이해하기 쉽게 말하는 법

지호 씨, 이야기 들려주셔서 감사합니다. 말하는 것에 부담감을 느끼는 사람이 많은데 '말이 너무 많아서 걱정'이라는 것은 어떻게 보면 행복한 고민이라고도 할 수 있네요.

하지만 지호 씨의 마음은 잘 이해할 수 있습니다. 저 역시 말이 많아서 고민이거든요. 상사에게 '이야기가 길다, 속도가 빠르다, 앞뒤 없이 말한다'며 곧잘 혼나기도 했습니다. 제 경험을 바탕으로 '말이 많아도 상대에게 이해받는 방법'을 알려드리겠습니다.

홍보 CF가 있으면 전달력이 높아진다

TV에서 나오는 예고편 CF를 떠올려봅시다. 프로그램이 얼마나 재미있는지 알리기 위해 제작된 몇십 초짜리 영상 말입니다. 방송뿐 아니라 요즘은 유튜브를 봐도 핵심 내용을 편집해서 영상이 시작될 때 '프리뷰'로 집어넣는 사람이 많지요?

지호 씨에게도 이야기 첫머리에 30초짜리 홍보 CF를 넣어보길 추천하고 싶습니다.

30초는 글자 수로 말하면 100자 정도입니다. 다음 예를 봅시다.

"사실 남자친구랑 헤어질까 고민하고 있어. 사귄 지 3년 됐는데 이제 서로 잘 안 맞는 것 같아. 너도 내 남자친구 잘 알잖아. 네가 보기엔 나랑 남자친구 어떤 것 같아? 헤어지는 게 맞는지 의견을 듣고 싶어."

이렇게 말하면 친구에게 부탁하고 싶은 것이 무엇인지 바로 알 수 있습니다. 처음에 '이별 상담'이라고 말했기 때문이지요. 다른 예를 하나 더 들어보겠습니다.

"정말 죄송한데 오늘 부탁드리고 싶은 것은 원고 수정입니다. 상사와도 이야기했는데 '과거의 에피소드'가 너무 긴 것 같아요. 수정은 가능한지, 고친다면 어디를 어떻게 고칠 것인지 작가님과 말씀 나눠주세요."

이것도 약 100자 정도입니다. 수정을 의뢰하게 된 경위와 고쳐주었으면 하는 부분까지 미리 알리고 있습니다. 이제부터 '원고 수정 의뢰'가 시작될 거라는 '홍보 CF'을 먼저 내보낸 것입니다.

'중요한 것을 먼저 말하는 것'만으로는 부족하다

'말 잘하는 법'을 알려주는 책에는 '중요한 것을 먼저 말하라'라는 지침이 자주 등장합니다. 하지만 이 방법은 프레젠테이션이나 동영상처럼 단상 위에서 일방적으로 이야기할 때는 효과적일지 모르지만 일상적인 대화에는 맞지 않는 부분이 있어요. 하고 싶은 말이 처음부터 그렇게 분명히 정해져 있지 않은 경우가 많기 때문입니다.

그러니 '분명하지는 않지만 일단 이런 방향으로 말하겠습니다'라고 30초 정도로 정리해서 말하는 습관부터 의식해보세요.

지호 씨는 말하는 것 자체를 힘들어하지는 않습니다. 그리고 상대의 이해를 돕고 싶어서 말을 덧붙이는 상냥한 면도 가지고 있습니다. 다만 그 상냥함이 역효과를 낼 때가 있는 것이지요. 그러니 이야기를 시작할 때 하고 싶은 말을 30초 정도로 정리해서 미리 말해보세요. 익숙해지면 이야기를 하는 도중에도 '앞으로 이런 것을 논의하고 싶다', '나는 앞으로 이런 것을 이야기할 것이다'라는 홍보 CF를 넣으세요. 전달력이 더욱 높아질 겁니다.

처음에 썼듯 말하기를 좋아하고, 말을 잘하는 것은 장점입니다. 긴 이야기의 도중에 '이런 방향으로 이야기하겠습니다'라는 프리뷰를 넣으면 그 장점을 더욱 살릴 수 있을 것입니다.

이야기를 쌍방향으로 진행하자

'길어지는 말' 개선 방법

지호 씨, '말머리에 홍보 CF를 넣으려고 의식하며 말했다. 30초만 말할 생각이었는데 시간을 재보았더니 3분이 넘었다'라고 하셨는데 자주 있는 일입니다.

"1분 안에 자기소개를 하세요"라고 했는데 4분 가깝게 말하는 사람이 있어요. 끝나고 나서 "몇 분 동안 말한 것 같아요?"라고 물으면 "2분쯤 말한 것 같아요"라며 머리를 긁적이지요. 4분이었다고 알려주면 대부분 깜짝 놀랍니다. 사람은 자신의 행동을 자기에게 유리하게 보기 마련이니까요.

자, 이번에는 '이야기가 샛길로 빠지기 시작했을 때 어떻게 멈추어야 하나'라는 고민에 관해 조언을 드리겠습니다.

상대방을 미아로 만들지 않기 위한 3단계

말하던 도중에 '이런 설명으로 이해가 될까?', '이 말도 해야 이해하기 쉽지 않을까?'라는 생각이 들어서 이야기를 되돌리거나 다른 이야기를 시작하곤 합니다. 좋은 의도에서 시도한 이런 행동이 혼란을 불러옵니다. 친절한 사람, 오지랖이 넓은 사람, 설명에 자신이 없는 사람이 쉽게 저지르는 실수지요.

하지만 극복하는 방법은 어렵지 않습니다.

① 참여형 대화를 하라

말하는 사람 혼자서 이야기를 완결시키는 것이 아니라 듣는 사람의 참여를 유도해서 대화를 이끌어가세요. 이야기가 자꾸 길을 잃는 사람은 자기 혼자만 생각하기 때문에 혼란에 빠지는 것입니다.

"여러분은 어떻게 생각하세요?", "이런 비슷한 경험을 한 적 있지 않으세요?" 같은 식으로 듣는 사람에게 한번 마이크를 넘깁니다. 이제까지 그저 듣기만 하면 그만이었던 청자는 자신 역시 말을 해야 하니 긴장할 거예요.

이야기를 이해하지 못했다면 얼토당토않은 대답이 돌아올 것이고요. 그것을 들으면 이야기에서 무엇이 부족했는지, 어느 부분을 잘못 이해했는지 파악할 수 있습니다.

② 상대방에게 이해했는지 묻자

혼자서 '이 부분을 모를지도 몰라'라고 생각해 본들 상대가 얼마나 이해했는지는 알 수 없습니다. 무리 없이 이해했을 수도 있고, 더 근본적인 부분부터 모를 수도 있습니다. 이해했는지, 혹은 이해하지 못했는지는 당사자만 알 수 있으니 억측해도 의미가 없지요.

이야기를 하면서 "여기까지는 괜찮습니까?", "여기까지 드린 말씀 중 불분명한 부분이 있을까요?" 하고 상대방에게 자주 물어보세요. 가능한 한 자주 확인하는 편이 좋습니다.

③ '괜찮다'는 반응이 나오면 이야기를 진행한다

확인한 결과 모르겠다는 말이 나왔다면 그에 관해 설명합니다.

혼자만의 추측으로 말을 보탤 필요는 없습니다. 상대에게 모르는 부분이 있는지 묻고 그에 대답합니다. 이 과정을 철저히 하면 쓸데없이 말을 덧붙이는 일은 사라질 것입니다.

넥타이 매는 법을 설명할 수 있는가?

말은 그저 내 이야기를 떠들기 위한 것이 아니라 상대에게 전달하기 위한 것입니다.

중요한 것은 내가 어떻게 전달하느냐가 아니라 상대가 어떻게 전달받았느냐입니다. 그 부분을 상대방에게 확인하면서 쌍방향 관계 속에서 이야기를 진행해야 합니다.

광고 회사에 들어갔을 무렵 선배에게 넥타이 매는 법을 문장으로 설명해보라는 주문을 받은 적이 있습니다.

'대검을 길게 잡고, 대검이 소검 위로 오도록 겹칩니다'

라고 써도 전혀 설명이 되지 않을 것 같았어요. '우선 목에 넥타이를 두릅니다. 오징어 머리처럼 생긴 부분이 오른손에 오게 합니다' 등등 구구절절 써보았지만 쉽지 않았지요.

그때 선배가 이렇게 말했습니다.

"상대에게 전달하는 게 목적이니까 혼자서 끙끙 앓지 말고 어디를 모르겠는지 물어가면서 쓰는 거야. 그게 좋은 문장을 만드는 지름길이지."

지금도 가끔 그 말을 떠올립니다.

말하기와 쓰기 모두 최종적으로는 타인에게 무언가를 전달하기 위한 것입니다. 이런 확실한 인식이 있다면 우리의 이야기는 더욱 전달력이 높아질 거예요. 상대의 목소리에 답하면서 상대에게 전달되도록 이야기를 진행하기, 꼭 시도해보길 바랍니다.

이야기를 '책'처럼 구성하자

이야기를 구성하는 가장 간단한 방법

지호 씨, '이야기를 이해했는지 여부는 상대에게 확인하라'를 실천해보셨군요. '생각하지도 못한 부분을 모르고 있었다', '내가 걱정했던 것과 달리 모두 상당히 이해하고 있었다'라는 감상을 들으니 안심이 되네요. 그런 식으로 자신의 화법을 검증하는 것이 말을 잘하는 비결입니다.

이번에는 '어떻게 이야기를 구성해야 하는가'라는 질문에 답하겠습니다. 지금까지는 말하기 좋아하는 천성에 기대어 생각나는 대로, 내키는 대로 이야기를 해왔던 지호 씨가 '이야기의 구성'을 생각하기에 이른 점이 기쁩니다.

이야기 중간에 제목과 차례를 집어넣는다

'이야기의 구성'을 생각할 때 꼭 논리적으로 완성된 형태를 만들 필요는 없습니다. 도리어 지호 씨처럼 말하기 좋아하는 사람이라면 특유의 개성이 사라질 수도 있고 말입니다.

고민해야 할 것은 현재의 이야기 방식을 약간만 조정해서 전달력을 높이는 것입니다.

이번에 전하고 싶은 것은 이야기 도중에 '책'처럼 제목과 차례를 집어넣어 사람을 움직이게 만드는 방법입니다.

많은 양의 책을 빠르고 정확하게 읽기 위한 비결로 '차례를 꼼꼼하게 볼 것'이 자주 거론되곤 하지요? 차례 페이지를 펼치고 한번 생각해봅시다.

어떤 구성으로 이야기가 진행되던가요? 내가 가장 흥미를 느끼는 부분은 몇 장인가요? 마지막에는 어떤 결론이 날까요?

이렇게 차례를 머릿속에 집어넣고 책을 읽으면 '예상이

맞았어', '짐작했던 것과 완전히 다른걸' 하고 생각하며 책을 읽게 됩니다. 상대가 이해하기 쉽게 말하려면 이야기 중간에 "이제부터 알기 쉽게 말하는 비결을 이야기하겠습니다"처럼 '차례'를 집어넣는 것이 좋습니다.

이런 간단한 방법만으로도 듣는 이는 이제부터 무엇을 주의해서 들으면 되는지 분명히 알게 된답니다.

차례는 질문형으로 넣는다

차례를 집어넣을 때도 비결이 있습니다. 바로 '질문형으로 넣는 것'입니다.

① "이제부터 알기 쉽게 이야기하는 비결에 대해 이야기하겠습니다."
② "어떻게 하면 알기 쉽게 이야기를 할 수 있을까요? 무슨 비결이 있는 걸까요? 그에 대해 이야기하겠습니다."

둘을 비교하면 첫 번째 말투보다 질문형으로 말한 두 번째 말투가 더 이해하기 쉽습니다.

질문형은 상대의 입장에 서서 하는 말입니다. '어떻게

해야 알기 쉽게 이야기할 수 있을까? 그 점을 알고 싶은 데'처럼 듣는 이가 생각하는 바를 그대로 언어화하면 질문형이 됩니다.

말을 잘하는 사람은 '질문형'과 '의문형'을 이야기 속에서 풍부하게 활용하며 상대를 끌어들입니다. '유튜브 대학 Youtube大学'이라는 유튜브 채널에서 각종 잡학상식을 소개하는 코미디언 나카다 아쓰히코中田敦彦의 영상을 보면, 자연스럽게 질문형을 섞어가며 청중의 마음을 사로잡습니다. 이외에도 많은 유튜버가 썸네일, 제목, 이야기에서 질문형을 자주 활용한답니다. 이를 흉내 낸다는 마음으로 유튜브를 켜서 한번 눈여겨 살펴보세요.

제목은 마지막에 붙인다

또 한 가지 중요한 것이 '제목'입니다.

제목은 이야기를 시작할 때가 아니라 끝낼 때 붙입니다. 그래야 인상에 남습니다.

얼마 전 29세를 맞이한 제자가 상담을 요청했습니다. 이직 후의 불안이나 연애의 전말 등 이야기가 끝없이 펼쳐졌는데, 마지막에는 이렇게 덧붙이더군요.

"20대 마지막의 초조함과 연애담을 들어주셔서 감사해요."

이것이 바로 '제목'입니다.

무엇을 이야기했는지 짧게 정리해주면 '아, 그렇구나. 오늘 이야기는 초조함과 연애담이 주제였구나' 하고 고개를 끄덕이게 되고 기억에도 남습니다.

이야기가 너무 길어져서 결국 무슨 말을 했는지 모르겠다는 평을 받는다면 효과적인 방법이 될 것입니다. 한번 시도해봅시다.

3

당당하게 프레젠테이션을
하게 되는 슬라이드의 규칙

"다 좋은데 PPT
프레젠테이션에 약해요."

**고민 의뢰인
오미영(29세)**

미영 씨는 문구 제조업체에서 개발을 담당하고 있다. 어릴 때부터 문구류를 좋아해서 자신이 디자인한 노트나 펜을 세상에 내놓는 것이 꿈이었다.

그 꿈이 이루어져 올봄부터 상품개발부에서 일하게 되었다. 아이디어를 구상하고 디자인을 하고 프레젠테이션용 PPT파워포인트 자료를 정리하는 매일이 이어진다. 문제는 여기서부터다. 프레젠테이션이 너무도 엉망이다. 특히 많은 사람들 앞에서 슬라이드를 쓰며 발표해야 할 때는 도저히 봐줄 수 없을 정도다.

슬라이드를 설명하고, 사람들을 향해 말하고, 다시 슬라이드를 보고. 이 과정을 반복하는 사이 이야기가 뒤죽박죽 뒤얽혀 버린다. 읽고 말하기의 전환이 잘 이뤄지지 않는 것이다.

최근에는 비대면으로 프레젠테이션을 하는 일도 많아졌다. 상대의 얼굴이 보이지 않으니까 슬라이드를 묵묵히 읽고 끝나기 일쑤다. 읽으면 그만인 프레젠테이션에 시간 낭비하게 하지 말라는 상사의 말에 충격을 받고 더욱 횡설수설하고 말았다.

'존재감 있는 프레젠테이션을 하고 싶다!' 그런 마음의 사연이 도착했다.

슬라이드를 만들고,
슬라이드를 버려라

슬라이드 프레젠테이션을 잘하는 법

미영 씨, 바라고 바라던 상품개발 업무를 시작하게 된 것을 축하드립니다. 미영 씨가 디자인한 노트를 저도 꼭 써보고 싶네요.

하지만 우선 '슬라이드 프레젠테이션을 잘하는 법'부터 해결해야겠지요? 슬라이드와 설명이 뒤섞여서 무슨 이야기를 하는 건지 방향을 잃게 된다고요. 프레젠테이션 잘하는 법을 설명하는 책을 보면 '슬라이드에 넣는 문구는 짧게!'라고 쓰여 있습니다. 하지만 자세히 설명하고 싶은 마음에 그만 글자 수도, 슬라이드도 늘어나고 말지요. 쉽지 않아요.

슬라이드를 쓸 수 없다고 가정하자

제 경험담입니다. 강연회의 단상에 오르기 직전에 컴퓨터에 문제가 생기는 바람에 슬라이드를 쓰지 못한 적이 있었어요.

청중은 300명 가까이 모여 있었습니다. 기다려달라고 할 수 있는 상황이 아니었지요. 결국 슬라이드를 사용하지 않고 강연하기로 했습니다.

슬라이드가 없으면 이야기의 흐름을 알 수 없을 거라는 불안감을 안고 이야기를 시작했는데 웬걸, 이야기는 놀라울 정도로 매끄럽게 진행되었어요.

슬라이드에 지나치게 의존한 프레젠테이션은 '다음에 무엇을 말할 것인가'를 슬라이드에 맡겨버립니다. 하지만 슬라이드가 없다면 머릿속으로 다음에 이야기할 것을 계속 생각하며 말하게 됩니다. 이 긴장감이 좋은 효과를 발휘한 것입니다. 청중도 크게 만족했고, 저 역시 제대로 전했다는 충족감이 있었습니다.

미영 씨에게 주고 싶은 조언은 슬라이드를 만든 후, 그 슬라이드를 쓸 수 없다고 가정하고 프레젠테이션을 연습하라는 것입니다.

슬라이드가 없으면 상세한 그래프를 제시할 수 없습니다. 가장 중요한 숫자만 직접 말해야 할 것입니다. 슬라이드가 없으니까 사진을 두고 설명할 수도 없어요. 이야기만 듣고 사진의 이미지를 떠올릴 수 있게 섬세한 말로 묘사할 필요가 생깁니다.

즉, 슬라이드를 보여줄 수 없다고 가정하면 요점을 파악하기 쉬워지고, 디테일을 상세히 설명하게 됩니다.

슬라이드를 만든 다음 슬라이드를 버리세요. 슬라이드 없이 프레젠테이션을 할 수 있을 만큼 사전에 연습을 거듭하세요. 그게 가능해지면 프레젠테이션 중에 슬라이드만 읽어 내려가는 일도 없어질 것입니다.

또 하나 잊지 말아야 할 것, 리허설은 필수라는 점입니다. 최소한 세 번은 해야 합니다.

발언→ 슬라이드→ 슬라이드 끄기

애플의 CEO였던 스티브 잡스는 짧은 문장과 인상적인 이미지를 배경에 두고 움직이며 프레젠테이션을 했지요. 인상적인 것은 슬라이드를 쓰는 방식이었습니다. 설명이 시작되면 슬라이드를 꺼버렸습니다. 그러자 새카만 화면을 뒤로하고 스티브 잡스의 모습만이 떠올랐습니다.

저는 이 방법을 온라인 프레젠테이션에서 자주 이용합니다. 이야기가 일단락된 시점에서 공유 화면의 슬라이드를 없애는 겁니다. 슬라이드 자료 대신 제 얼굴에 좌중의 시선이 꽂힙니다.

쉴 새 없이 슬라이드가 나오는 대신 중요한 부분에서 얼굴을 보여주면 전달력이 완전히 달라집니다.

프레젠테이션의 중심은 어디까지나 '발표자'입니다. 도중에 얼굴을 드러낼 기회를 만들면 주체적인 프레젠테이션으로 보이게 됩니다.

슬라이드 없이 말하는 연습을 하면 프레젠테이션에서 발산되는 힘이 놀랄 만큼 달라질 것입니다. 부디 꼭 시도해보길 바랍니다.

필요 없는 말을 잘라내자

효과 만점 슬라이드를 만드는 법

미영 씨, '슬라이드를 만든 후 슬라이드를 쓰지 않고 프레젠테이션 하는 연습'을 곧장 시도하셨군요. 반복하다 보면 슬라이드에 쓴 말보다 더 전달이 잘 되는 표현을 발견하게 될 겁니다. 실제로 말해봤을 때 편한 방향으로 고쳐 나갑시다.

자, 이번에는 '슬라이드를 효과적으로 선보이는 비결'을 살짝 알려드릴게요.

프레젠테이션의 질은 장면 전환이 결정한다

슬라이드 프레젠테이션의 여명기였던 1990년대, 발표자는 나누어준 종이 자료를 스크린에 비추고 해설하는 사람에 불과했습니다. 그 후 동영상을 많이 삽입한 효과 과다사용 슬라이드 시대를 거쳐, 지금은 슬라이드 한 장에 이미지와 메시지도 하나씩 들어가는 형태가 대세입니다.

슬라이드가 단순해지면 남은 부분을 보충할 발표자의 연설력이 프레젠테이션의 질을 결정하게 됩니다. 그중에서도 중요한 것은 다음 슬라이드로 넘어가는 타이밍입니다. 프레젠테이션의 질은 장면 전환으로 결정된다고 해도 과언이 아닙니다.

발표자는 언제나 청중이 '다음에는 어떻게 되는 걸까?'라는 기대를 품게 말해야 합니다.

그 대답이 다음 슬라이드에 있습니다. 기대감을 높이기 위해, 진행할 때는 마음속에서 '오래 기다리셨습니다!' 하고 한 번 읊조릴 만큼 쉬었다가 다음 슬라이드로 넘어갑시다.

다음 메시지, 다음 이미지를 보여줄 때 약간 뜸을 들이는 겁니다. 그러면 여유가 생긴 만큼 발표자의 이야기도 느긋해집니다.

화초를 가꾸듯 이야기를 잘라낸다

슬라이드에 넣을 말은 짧을수록 좋다고 하지요. 자주 듣는 말이지만 실제로 어떻게 해야 좋을지 요령을 익히기는 어렵습니다.

의식해야 할 것은 일단 써놓은 문장을 바라보며 없어도 의미가 통하는 단어를 잘라내는 것입니다. 화초를 바라보며 필요 없는 잎과 가지를 쳐내는 것과 같은 요령이지요.

예를 들어 다음 문장을 봅시다.

'본 시설에 도입해야 할 에너지 절약 및 에너지 재생의 관점에 대하여'

우선 마지막의 '에 대하여'는 없어도 의미가 통하므로 삭제합니다.

이미 '본 시설'의 이야기를 한다는 것도 모두 알고 있으니까 없어도 문제 되지 않을 겁니다. 이것도 없애죠.

손질한 결과 다음과 같은 문장이 탄생했습니다.

'도입해야 할 에너지 절약 및 에너지 재생의 관점'

다시 생각해봅시다. 강조하고 싶은 것은 '에너지 절약 및 에너지 재생'이라는 말입니다. 이 단어를 맨 앞으로 이동시킵시다.

'에너지 절약 및 에너지 재생 도입안'

'관점'을 '안'이라고 바꾸면 구체적인 아이디어나 대책이 있다는 인상을 줄 수 있습니다. 부족한 부분은 말로 보충하면 됩니다.

'식물의 잎과 가지를 세세한 부분까지 다듬듯 슬라이드에 넣을 말을 정돈한다.'

이렇게 의식하면 요령은 곧 습득할 수 있습니다.

프레젠테이션의 주인공은 발표자입니다. 슬라이드는 진행과 청중의 이해를 돕기 위한 도구에 불과해요. 필요 없는 말은 거침없이 잘라냅시다.

공감할 수 있게 제시하라

임팩트 있는 배포 자료 만드는 법

미영 씨, '문장을 화초처럼 가꾸기'를 곧바로 해보신 모양이네요. 말끔히 정돈된 프레젠테이션이 되지 않았나요? 자, 이번엔 '임팩트 있는 프레젠테이션용 배포 자료'에 대해 이야기하겠습니다.

프레젠테이션 3종 필살기

다양한 프레젠테이션을 봐오며 정말 빈틈없다고 감탄

한 적이 있습니다. 대규모 경쟁 프레젠테이션의 심사위원을 맡았을 때 한 회사의 발표가 대단했습니다.

그 회사에서 준비해 온 자료는 세 종류였어요.

① 프레젠테이션용 슬라이드 배포하지 않음

② 안건 목록과 진행 항목 프레젠테이션 전 배포

③ 상세 자료 프레젠테이션 후 배포

심사위원의 손에는 ②의 안건 목록이 우선 들어옵니다. 그 안에는 프레젠테이션할 각 장의 제목과 키워드가 쓰여 있었습니다. 메모용 자리를 따로 마련해두는 배려도 잊지 않은 점도 인상적이었습니다.

이 안건 목록을 보면서 프레젠테이션을 들으면 전체 내용 중 지금 어느 부분을 이야기하는지 일목요연하게 알 수 있었습니다. 인상적인 단어가 나오면 메모할 수 있으니까 더 기억에 남았고요.

발표가 끝나자 프레젠테이션에 대한 자세한 설명과 데이터가 담긴 상세 자료를 나누어주었습니다. 프레젠테이션이 끝난 후 회사 내의 각 조직을 설득하려면 이런 자료가 필요하지요. 프레젠테이션을 하는 동안에는 발표자의 역량이 중요하지만, 끝난 다음에 회사에 전달되는 것은 상세한 기획서인 것입니다.

게다가 기획서는 누구든 펼치기만 하면 발표자처럼 이야기할 수 있도록 마치 독백체 편지 같은 형식이었는데, 그 안에는 전체적인 흐름과 프레젠테이션을 향한 열정이 담겨 있었습니다.

'우리는 이 제품을 손에 들어본 후 세 가지 가능성을 깨달았습니다' 하고 거래처의 감정이입을 유도하며 서로가 동료임을 암시하는 장치에는 감탄을 금치 못했어요.

슬라이드를 만들고 만족해선 안 됩니다. 프레젠테이션이 기획자의 손을 떠난 후에도 온갖 지적과 비평 속에서 견딜 수 있도록 상세한 자료도 준비해야 합니다. 큰 사업으로 이어지는 프레젠테이션은 그만큼 주도면밀한 작업이 필요한 법입니다.

하얀 종이에 마음에 맡겨라

이렇게 큰 프레젠테이션에서 쓸 자료도, 매일 있는 회

의에서 사용하는 슬라이드도, 컴퓨터 앞에 앉아서 바로 만들기 시작하는 것은 그리 좋은 방법이 아닙니다. 인간은 상념을 사방으로 내보내면서 생각하는 존재이기 때문이에요.

저는 기획을 할 때나 원고를 쓸 때 반드시 하얀 종이에 손으로 아이디어를 쓴 다음 컴퓨터에 옮겨 적습니다.

지금 자신이 생각하고 있는 프레젠테이션의 흐름을 하얀 종이에 자유롭게 필기합시다.

새롭게 떠오르는 생각이 있으면 같이 적습니다. 누가 지적할 것 같은 사항도 씁니다. 신경 쓰이는 것, 의문, 뭐든 간에 일단 적어봅니다.

제작국에 재직할 때는 늘 대량의 원고용지와 2B, 3B 연필이 근처에 있었습니다. 저는 원고용지의 하얀 뒷면을 이용해 기획의 골자가 되는 것들을 적어 내려갔는데, 이 습관은 지금도 이어지고 있습니다.

지금도 이렇게 생각합니다. '회사가 가르쳐준 최고의 기획법은 '하얀 종이에 마음을 맡겨라'가 아닐까?'

다른 이들에게도 꼭 추천하고 싶은 기획과 프레젠테이션 비법입니다.

참, 하얀 종이를 마주하고 있는 시간은 길면 30분, 보통 15분이면 충분합니다.

베테랑 스피치라이터의 연설문 작성술

....

스피치라이터의 일은 의뢰인의 '연설문 원고'를 작성하는 것이지만, 많은 경우 원고를 쓰고 끝이 아니라 이야기를 강렬하게 전달할 수 있는 화법이나 몸동작도 함께 알려준다. 이 일의 최종 목표는 듣는 사람의 마음을 뒤흔드는 것이기 때문이다.

버락 오바마 전 미국 대통령의 명연설을 쓴 사람이 존 파브로 Jon Favreau라는 젊은 스피치라이터라는 것이 전 세계적으로 화제가 되면서 이 직업이 주목을 받게 되었다.

이 일의 특징은 창작자가 결코 드러나서는 안 된다는 점이다. 원고는 어디까지나 의뢰인의 말이어야 한다. 의뢰인이 잘 쓰는 말, 말버릇, 말을 쉬는 방식까지 담아 의뢰인이 직접 쓰고 말한 것으로 만들어야 의미가 있다. 그렇지 않으면 아무리 명문장으로 채워져 있어도 실패작이다. 스피치라이터는 바로 의뢰한 당사자가 되어야 한다. 그러기 위해 존 파브로는 오바마의 몸동작을 연구하고, 늘 오바마의 자서전을 들고 다녔다고 한다.

◌ 스피치라이터는 언어의 타격코치

자신의 연설문인데 굳이 남에게 맡길 것 없이 자기 손으로 쓰면 된다고 생각하는 사람도 있을 것이다. 하지만 사회적 위치가 올라가서 말 한마디에 걸린 책임이 무거워지면 '내가 생각한 대로' 말해도 괜찮은 경우는 거의 없다. 평소에 하는 생각, 쓰는 말이 자신의 진심과 다른 경우도 있다. 정확한 어휘를 찾을 수 없을 때도 있을 것이다. 자신이 던진 말이 세상에 불러올 영향력을 과소평가하는 경우도 있다.

각본가 야마다 다이이치는 우리의 언어는 머릿속에 이

미 있어서 입 밖으로 바로 꺼낼 수 있는 '언어'와 반 정도
는 아직 형체가 없이 어렴풋이 존재하는 '마음의 말'로 나
눌 수 있다고 했다. 스피치라이터는 '마음의 말'이 말문을
열고 나올 수 있게 도와주는 언어의 타격코치 역할을 하
는 것이다.

스피치라이터로서 내가 던진 '질문'이라는 공을 의뢰인
이 받아치는 동안 그의 사고방식, 이야기할 때 나오는 버
릇 등을 찾는다. 그런 후 의뢰인의 말이 나에게 스며들기
를 기다린다. 자기만의 표현을 겉으로 드러내고 싶은 사
람에게는 맞지 않는 일이라 할 수 있다. 처음 시작했을 때
는 나 역시 이만저만 고생이 아니었다.

그 사람이 되고 싶어!

의뢰인의 말을 좀처럼 내 것으로 느낄 수 없던 나를 구
원한 것은 성대모사의 달인인 배우 시미즈 미치코의 말이
었다. '성대모사를 하고 싶다가 아니라 그 사람이 되고 싶
다는 마음으로 임하라.' 이처럼 '그 사람이 되고 싶다'는 마
음이 스피치라이터에게는 필요하다.

그 사람의 말버릇이나 말을 쉬는 타이밍을 파악하는 것

은 단순한 분석에 지나지 않는다. '그 사람이 되고 싶다'고 생각하고, 쓰면서 의뢰인을 흉내 내야 하는 것이다. 완성된 원고를 읽으며 내가 바로 의뢰인이라고 생각한다. 우리 집 옷장은 문이 거울로 되어 있는데 그 앞에 서서 말하다 보면 '계속 이렇게 간다면 숨이 차겠는걸', '이 단어는 발음하기 어려운데'처럼 다양한 깨달음을 얻게 된다. 이를 반복하면 마치 의뢰인이 몸속에 들어온 듯한 느낌을 받는다.

이 단계에 이르면 내 문체는 사라진다. 의뢰인의 목소리와 사고법으로 문장을 쓸 수 있게 되는 것이다.

○ 문장력 향상의 분기점, 스피치라이터의 일

스피치라이터라는 일을 시작하고 10년이 흘렀다. 그동안 내 문체는 크게 변했다. '읽고 있으면 말소리가 들리는 것 같다', '대화하고 있는 것 같은 문장이다'라는 평가를 듣게 된 것도 스피치라이터가 되고 난 후의 일이다. 초등학생을 위한 문장에서 정치인이나 기업 경영인, 행정관을 위한 문장, 결혼식 연설까지 쓸 수 있게 된 것은 다양한 사람들이 내 몸에 들어와서 말버릇이나 침묵하는 방법을 남기고 갔기 때문이다.

개성적인 문장이란, 책을 읽거나 타인의 이야기를 듣고 자기 안에 침잠한 말이 온갖 방식으로 뒤섞여서 발산되는 것이다. 유명한 정치인, 초등학교의 교장 선생님, 좋아하는 유튜버, 대학에서 가르치는 제자들의 말 같은 것이 내면에서 서로 섞이며 하나가 된다. '그 사람이 되고 싶다'고 생각한 마음의 숫자만큼 문장에 풍성함과 깊이가 생겼다.

다른 사람의 이야기를 잘 듣고 그 사람의 말버릇이나 잘 쓰는 단어에 주목해보자. 매일 듣는 타인의 말 속에 생각지도 못한 발견이 있을지도 모른다.

잘 몰랐던 타인의 말을 이해할 수 있게 되는 것. 그것이 문장력을 올리는 지름길이다.

4

틀에 박힌 협상에서
벗어나기 위한 기술

"고객의 마음을
어떻게 설득해야 할지
모르겠어요."

고민 의뢰인
이지윤(45세)

　지윤 씨는 생명보험 설계사이다. 지방 도시에 있는 회사를 돌아다니며 보험 상품을 판매한다. 요즘은 인터넷이나 전화를 이용한 판매가 늘고 있지만, 지윤 씨가 사는 곳에서는 여전히 고객과 직접 만나서 상품을 파는 일이 많아 협상 기술이 필요하다.

　지윤 씨는 협상할 때 큰 어려움을 느낀다. 고객에게 딱 맞게 설계한 맞춤상품 리스트도 만들어보지만 막상 설명하면 "이해하기 힘들다", "요점만 말해 달라"며 탐탁지 않아 하는 사람이 많다. 정해진 방식에 따라 설명하면 매뉴얼만 읽어서 설명이 되겠냐며 쓴소리를 하는 사람도 있다.

　고객과 만났을 때 어떻게 말을 걸어야 할까. 잡담은 어떤 식으로 꺼내야 하나. 만남을 다음 기회로 이어갈 수 있게 이야기를 끝내는 좋은 방법은 없을까. 인터넷에서 열심히 찾아보았지만 효과적인 방법을 발견하지 못했다.
　'협상의 달인이 되고 싶다!' 하는 간절한 마음을 털어놓아 주었다.

협상은 '확인 화법'으로 공략하자

지루하게 말하는 사람, 신명나게 말하는 사람

지윤 씨가 사는 곳은 눈발이 날린다고 들었어요. 겨울이 따뜻해졌다고는 하지만, 산간지방은 역시 춥겠지요. 자전거 탈 때나 또 눈길을 걸을 때 미끄러지지 않게 조심하세요.

자, 그럼 고민에 대답하겠습니다. '상대방의 이해를 도우며 협상하는 기술'을 먼저 알아볼까요? 우선 저의 실패담부터 들려드리겠습니다.

'지금까지 들은 것 중에서 질문 있는 사람?'

10년도 더 지난 일입니다. 대학에서 강의를 하기 시작했습니다. 회사도 다녀야 해서 두 마리 토끼를 쫓는 셈이었지만, 자신 있었습니다. 프레젠테이션은 회사에서 셀 수 없을 정도로 경험했으니 대학 강의 정도는 어떻게든 되겠지 하고 우습게 생각했던 것이죠.

그런데 예상보다 반응이 안 좋았습니다. 조금 실망하고 있는데 저를 대학으로 불러준 교수님이 강의 평가를 해주셨습니다.

"히키타 씨, 이게 회사에서 하는 프레젠테이션이었다면 훌륭했을 거예요. 하지만 대학 강의라고는 할 수 없습니다. 강의는 학생들의 이해도를 추측하며 만들어가야 해요. 하고 싶은 말을 일방적으로 떠드는 것이 아니라 좀 더 세심하게 '여기까지 이해했습니까? 질문 있는 사람 있습니까?' 하고 확인하면서 진행하는 게 좋아요."

아찔했습니다. 그렇게 간단한 것조차 몰랐던 거예요.

지윤 씨에게도 바로 이 점을 알려주고 싶습니다. 상대의 이해도를 꼼꼼하게 확인하며 이야기를 진행해야 한다는 것.

회사에서 제공하는 매뉴얼이 있으니 지윤 씨도 어쩌면 상대방이 얼마나 이해했는지는 감안하지 않고 정해진 대로만 설명했을지 모릅니다. 정말 그렇다면 설명을 아무리 잘했어도 협상의 고수라고는 할 수 없어요.

질문으로 상대방의 흥미를 끈다

알기 쉬운 예를 들어보지요. 초등학교 교장 선생님이 운동회에서 인사를 합니다. 학부모들에게는 다음과 같이 일방적으로 이야기할 거예요.

"늘 우리 학교 활동에 협력해주시는 학부모님들께 감사드립니다. 다행히 날씨도 화창하여 오늘 무사히 운동회를 개최하게 되었습니다."

하지만 아이들에게 이렇게 말하면 모두 지겨워하겠죠? 그래서 아이들에게는 다음과 같이 말합니다.

"여러분, 오늘은 무슨 날인가요? 네, 맞아요. 기다리고 기다리던 운동회 날이에요. 어제는 잘 잤나요? 오늘 온 힘을 다해 달릴 수 있을까요? ……네, 좋아요. 기운찬 대답이네요. 그럼 이제 시작합시다!"

이처럼 상대에게 질문을 던지는 '확인 화법'을 사용합시다.

'협상 = 확인 화법'입니다. "여기까지 이해되셨을까요?", "질문은 없으신가요?" 하고 상대가 얼마나 따라왔는지 부지런히 확인해야 합니다. 질문을 할 때는 고압적인 느낌을 주지 않도록 웃는 얼굴을 잊지 말아야 합니다.

상대가 실제로 질문하면 매뉴얼 설명은 우선 접어두고, 최선을 다해 그 질문에 대답해보세요. '내 질문에 진지하게 대답하고 있다'는 마음이 들면 신뢰가 자라납니다. 꼭 매뉴얼을 완벽하게 설명해야 할까요? 그보다 상대에게 내 매력과 능력을 어필하는 것이 더 중요합니다.

'잘 듣고 있다'는
안심감을 주자

상대가 말하게 만드는 비법

지윤 씨, '매뉴얼대로 끝까지 설명하는 것에만 집중했던 것 같다'는 답장 잘 받았습니다. 제 이야기가 전해진 것 같아 기쁘네요. 상대의 마음을 확인하면서 이야기를 진행하면 협상력이 순식간에 올라갈 거예요.

오늘 질문은 '상대가 말을 하게 만드는 방법'이군요. 좋은 질문입니다. 일방적으로 떠드는 협상은 효과적이지 못하니까요. 상대방의 이야기를 더 끌어내기 위해서 어떻게 해야 하는지가 관건입니다.

상대의 말을 기억하고 반복한다

먼저 제가 좋아하는 개그 콤비인 '가마이타치'가 자주 쓰는 만담을 소개하고 싶습니다.

야마우치 : 내가 얼마 전에 **유니버설 스튜디오**에 갔을 때 말인데요.

하마이에 : **유니버설 스튜디오**에?

야마우치 : 네, 거기서 좀 **부끄러운 경험**을 했어요.

하마이에 : 어허, **부끄러운 경험**을.

야마우치 : 할로윈의 밤이라는 이벤트가 있는 걸 모르고 좀비가 나
         왔을 때 혼자 기겁을 한 거예요.

눈치챘나요? 야마우치의 이야기에서 나오는 말이 하마이에의 대답에 반드시 들어갑니다. 같은 말을 두 번 함으로써 청중들에게 깊은 인상을 남기려는 것입니다.

이는 협상술에서도 중요합니다. 상대방의 말을 똑같이 따라 하는 것. 들은 말을 단순히 반복하는 것이 아니라, 수긍하거나 조금 놀라거나 내용을 정리하면서 자신만의 억양을 더해 되돌려줘야 합니다.

사람은 자신이 한 말을 다른 사람의 목소리로 들으면 '이야기가 잘 전해졌구나'라고 생각합니다. 이렇듯 내 이야기를 잘 듣는다는 신뢰감이 있어야 이야기가 계속 나오는 법이지요.

그저 "그래요"나 "맞아요"라고 대답하거나 고개만 끄덕이면 제대로 듣고 있지 않다는 불안감을 심어줄 수 있습니다. 또 "네, 네, 네" 하는 식으로 같은 대답을 세 번 연달아 하면 대단히 불쾌하게 받아들여질 수 있단 것도 기억하세요. 상대의 말을 놓치지 말고 따라 하도록 주의를 기울입시다.

대답은 모두 상대방의 말 안에 있다

말 반복하기를 조금 응용해보지요. 협상 중에 상대가 했던 이야기를 활용해서 그 사람에게 딱 맞는 매뉴얼을 제시하는 방법이 있습니다.

이야기가 지루하게 느껴지는 이유 중 하나는 보편적인 매뉴얼로 설명하기 때문입니다. '상대가 누구든 똑같은 이야기를 하겠지'라는 생각이 들면 듣는 사람은 흥미가 사라질 수밖에 없어요.

이 문제를 멋지게 해결한 보험설계사를 만난 적이 있습니다.

일 년에 한 번 보험을 확인하는 날, 그 사람이 먼저 어머니를 간병하는 이야기를 꺼냈습니다. 그의 이야기에 이끌려 저도 어머니 이야기를 하게 됐어요. 어느새 대화 흐름이 이어져서 정년퇴직 후의 불안과 요즘 건강 상태까지 한참 털어놓고 말았지요.

한 차례 대화가 끝난 후 보험설계사가 자료를 꺼냈습니다. 이제부터 매뉴얼을 읊는 재미없는 설명이 시작되겠구나 생각했는데, 아니었습니다. 저의 병력, 어머니의 연세, 살고 있는 장소, 퇴직 후 회사 시스템 등 제가 말했던 것을 고유명사부터 숫자까지 완전히 '암기'해서 설명에 대입하기 시작했던 것입니다.

잡담 중 제가 언급한 불안 요소들을 짚어 저만을 위해 편집한 설명을 들려주었습니다. 제가 한 이야기 전부를 활용하는 프로의 협상력에 감동마저 느꼈습니다.

이때 핵심은 기억력입니다. 협상을 진행할 때는 상대가 말한 중요한 단어를 바로 암기해서 활용할줄 알아야 합니다. 협상의 해답은 모두 '상대방의 말 안에' 있으니까요.

절정과 끝을 정하자

마지막에 긍정적인 대답을 끌어내는 기술

지윤 씨, 개그콤비의 만담 사례를 재미있게 읽어주셨다니 기쁘네요.

이번에는 협상에서 가장 중요한 것, '설득으로 원하는 것을 얻는 기술'에 관한 레슨입니다. 간단히 대답할 수 있는 문제가 아니지요. 그래도 할 수 있는 최선을 다해 전해보겠습니다.

프로들이 쓰는 '피크엔드 법칙'

심리학에는 '피크엔드 법칙'이라는 것이 있습니다. 이스라엘의 심리학자이자 경제학자인 대니얼 카너먼Daniel Kahneman이 발표한 것으로, 어떤 경험의 인상을 좌우하는 경향에 관한 법칙입니다.

'가장 감정이 움직였거나 흥분했던 순간peak, 피크'과 '일련의 경험이 끝난 순간end, 엔드'의 기억이 전체의 인상에 큰 영향을 미친다는 것입니다.

친구들과 함께했던 파티를 떠올려보세요. 가장 즐거웠던 순간은 기억에 잘 남지요. 한편 파티가 끝나서 삼삼오오 돌아가려는 순간도 이상하게 머릿속에 남아 있습니다. 돌아갈 때 불쾌한 경험을 하면 아무리 즐거웠던 파티라 해도 '그저 그랬어'라고 생각하게 됩니다.

이 '피크엔드 법칙'을 협상에서도 활용할 수 있습니다.

언제, 어떻게 '피크'를 만들 것인가

노벨문학상 후보에 오르기도 한 작가 미시마 유키오르

島由紀夫는 자신의 소설을 클래식 음악 중에서도 '교향곡'에 비유했습니다. 교향곡의 전형은 4악장 구성으로, 어떻게 시작해서 어떻게 절정으로 이끌고 어떻게 끝낼 것인가라는 전개 형식이 중요합니다.

협상도 '교향곡'이라고 할 수 있습니다. 주어진 시간이 1시간이라면, 언제부터 절정피크으로 이끄는 게 최적일까요? 무엇보다 '피크' 때의 장면을 철저하게 시뮬레이션 해두어야 하는데, 그럴 때 상대방의 마음을 흔들 수 있는 방법을 소개하겠습니다.

① 더블 바인드

어느 쪽이 좋을지 듣는 사람을 고민에 빠뜨리는, 모순되는 두 개의 선택지를 동시에 제시합니다. 하나만을 선택하게 합니다.

② 다시없는 기회라는 느낌

'이곳에서만 들을 수 있는 이야기', '지금만 들을 수 있는 이야기', '한정품'이라는 느낌을 연출합니다.

③ 자기 개시

자신에 관한 정보, 현재 상황, 심정 등을 보이며 인간미를 어필합니다.

이 밖에도 여러 방법이 있을 것입니다. 피크의 순간을 맞이했을 때 어떤 식으로 협상할 것인지 다양한 상황을 설정해봅시다.

마지막의 인상을 좋게 하자

이제 남은 하나는 '엔드', 마무리를 좋게 짓는 방법이네요.

역에서 서로 작별할 때 문이 닫히는 순간 돌아보지도 않고 가버리는 사람은 왠지 정이 없다는 인상으로 남지 않나요? 사람은 헤어질 때의 태도와 표정을 오랫동안 기억하는 존재입니다.

스티브 잡스의 프레젠테이션은 이 '엔드'를 실로 멋지게 장식했습니다. 유명한 "원 모어 띵One more thing"이라는 말 다음에 획기적인 신제품과 서비스를 발표한 것입니다. 스티브 잡스는 마무리의 인상이 가장 기억에 남는다는 것을 알고 있었기 때문이죠. 우리도 물론 활용할 수 있습니다.

"마지막으로 하나 더"라고 말한 후 거절할 수 없는 상품을 내놓거나 비장의 정보를 제공해보세요. 그리고 대미를 장식하는 것은 무엇보다 미소여야 합니다. 이로써 협상은 성립 확정입니다.

5

생각을 '전달력 있는 말'로 바꾸는 방법

"그러니까…… 그게…… 저……"

고민 의뢰인
박정헌(27세)

법대 4학년에 재학 중인 정헌 씨는 현재 구직 활동 중이다. 면접은 비대면이 주류인데 모니터를 통해서는 상대의 반응을 파악하기 어렵다.

"가장 힘든 점은 제 '생각'을 '말'로 표현하는 거예요. 마음속에는 질문에 대한 답이 있는데 '말'로 나오지 않아요. 처음에는 긴장한 탓이라고 생각했는데, 매번 말이 마음속에서만 맴돌 뿐 제대로 된 언어가 되지 않아요. 지난번에

는 "좋아하는 노래는 무엇인가요? 이유도 알려주세요"라
는 질문을 갑자기 받았어요. 간단히 대답할 수 있을 줄 알
았는데 노래 제목도 간신히 말했어요. 마음속에 있는 그
노래에 관한 '생각'이 언어화되지 않아 적당한 말로 둘러
댈 수밖에 없었습니다."

때와 장소에 맞추어 자신의 '생각'을 '말'로 멋지게 구현
해내는 방법을 알고 싶다. '아, 머릿속엔 있는데 말로 못
하겠어!'라는 지옥에서 벗어나고 싶다. 이런 고민을 품은
분들이 사연자인 정헌 씨 외에도 의외로 많이 존재했다.

'무엇이든 노트'를 만들자

생각을 '말'로 만드는 연습법

정헌 씨, 분투하고 계시는군요. 비대면 면접은 상대의 표정을 살필 수 없고, 서로의 반응을 확인하기까지 시간이 걸리기도 하지요. 의식적으로 밖에 나가서 기분전환을 하세요.

'생각을 말로 바꾸려면 어떻게 해야 하는가?'라는 질문을 해결하려면 우선 '생각'이라는 것이 무엇인지 밝혀야 합니다.

혹시 명상을 해본 적 있나요? 눈을 감고 5분 정도 앉아 있으면 망상, 잡념, 주관, 감정 같은 것이 하나씩 떠오르는 것을 알 수 있을 거예요. 이다지도 쓸모없는 '생각'과 '상념'에 막대한 에너지를 낭비하고 있음을 알게 되지요. '생각'이란 마음속에서 생겨났다가 사라지는 거예요. 그 안에서 다른 사람에게 전하기에 가장 알맞은 내용을 골라서 적절한 의미를 가진 '말'로 바꾸는 작업은 생각하는 것 이상으로 힘든 일입니다.

이번에는 '생각'을 '말'로 바꾸기 위한 연습법을 가르쳐 드릴게요.

'생각'을 '문자'로 만드는 훈련

휘갈겨 쓴 다음 버려도 아깝지 않을 저렴한 노트 한 권과 파란색 사인펜을 준비합니다.

그 노트의 이름은 '무엇이든 노트'예요. 다른 사람에게 보여주지 않고 다 쓰면 버릴 거니까 부끄러운 일, 짜증 나는 일, 무엇이든 적어봅시다.

일단 주제를 정합니다. 예를 들어 어느 회사의 지원 동기라고 해보지요.

다양한 '생각'이 두서없이 떠오를 것입니다. '안정되어 있다', '휴가가 많다', '근무하는 사람들이 멋지다', '급성장 중이다', '부업이 가능하다', '이 회사를 나온 후 활약하는 사람이 많다' 등등.

자신의 마음을 스케치하는 기분으로 이것을 전부 써 내려 갑니다. 너무 많아서 힘들 수도 있지만 마음속의 생각은 사실 그 몇십 배, 몇백 배에 이를 것입니다. 하지만 '써야겠다'고 생각한 시점에서 마음의 소리는 이미 상당히 높은 확률로 빠져나가 버리지요.

'생각'이라는 것은 엄청난 숫자로 떠올랐다가 사라집니다. 그래서 다른 사람이 하는 말을 듣고 '앗, 나도 저런 생각했는데!'라고 느끼기도 합니다. 하지만 '생각했던 것'과 '말로 내보낸 것'은 완전히 다릅니다. 생각하기만 하는 것은 누구나 할 수 있어요.

이번 레슨은 '생각'을 '문자'로 바꾸는 방법입니다. 이때 생각이란 바깥세상으로 내보내도 문제없을 표면적인 것뿐만이 아니라 남들에게 알릴 수 없는 것까지 포함합니다. 부끄러워하지 말고, 그런 말들을 잡아내서 파란 사인펜으로 휘갈겨 씁시다.

가능하다면 단어가 아니라 문장으로 만드세요. 그래야 자신의 '생각'을 정확하게 파악할 수 있습니다.

쓰면 쓸수록 '생각'은 '말'이 된다

저는 이 '무엇이든 노트'를 지금껏 수십 권씩 쓰고 버려 왔습니다. 요즘에는 아이패드에 애플펜슬로 쓰는 일도 많아졌지만, 속마음을 전부 털어버린 다음 노트를 통째로 버리는 쾌감에는 아직 미치지 못하네요.

지금 기분이 어떤가요? 슬픈가요, 괴롭나요, 비참한가요. 아니면 잘 모르겠나요. 거기에 생각을 글자로 옮길 수 없어서 느끼는 초조함까지 있을 테지요. 자신의 모든 '생각'을 문자화하는 훈련이란 이 모든 세세한 심정을 음미하여 자신만의 언어로 천천히 키워나가는 일입니다. 내면에서 떠오르는 '생각'을 붙잡는 것은 대단히 어려워요. 저역시 지금도 '이 생각을 어떻게 표현해야 하는가'라는 고민에 매일 시달립니다.

구직 활동이 말공부를 할 좋은 기회를 주었다고 생각합시다. '생각'을 '말'로 만드는 어려움을 사회인이 되려는 입구에서 알게 된 것은 대단히 훌륭한 일입니다.

오늘부터 '무엇이든 노트'를 시작하세요. 그리고 남들에게 알릴 수 없는 '생각'을 거침없이 적어보세요. 그 안에서 나도 몰랐던 내가 나타날 것입니다. 그것을 직시할 때 '생각'은 '말'로 변합니다.

머릿속에 있는 말을 '구조화'하자

'생각'을 효과적으로 활용하는 법

정헌 씨, '무엇이든 노트'를 적다 보니 어휘력이 너무 부족해서 깜짝 놀랐다고요. 굉장히 공감됩니다. 저도 무언가를 적어두려는 순간 '단어+짜증 난다'라는 문장만 떠올라서 매번 경악합니다. 하지만 괜찮아요. 위로가 될지는 모르겠지만 사실 지금도 그렇거든요. '생각'을 '말'로 만들기 위한 '어휘'가 부족해서 여전히 놀라고 있어요.

오늘은 '노트에 쓴 생각을 효과적으로 사용하는 법'으로 이야기를 진행하겠습니다.

'생각'을 그룹화해서 라벨을 붙인다

'무엇이든 노트'에 생각을 적을 때는 '브레인스토밍'이라는 문제 해결 방식을 씁니다. '비판을 떠올리지 않고' 가능한 한 많은 아이디어를 써내려 가는 방식입니다. 광고 회사에서 아이디어를 생각할 때 자주 쓰지요.

써내려 간 후에 해야 할 일은 페이지를 넘기면서 비슷한 말이나 생각을 같은 색으로 묶어서 그룹화하는 것입니다.

예를 들어 구직 활동에 대해 생각했다고 칩시다.

'입사하고 싶은 회사의 조건'을 떠올리며 썼던 '안정되어 있다', '급성장하고 있다'는 말은 [건전한 기업]이라는 그룹으로 묶을 수 있겠지요. '부업을 할 수 있다', '휴일이 많다'는 [개인을 존중한다]라는 라벨이 붙은 그룹에 들어갑니다.

'회사를 나온 후 활약하는 사람이 많다', '근무하는 사람들이 멋있다' 같은 말은 [인간적인 매력]이라고 할 수 있습니다.

이렇게 정리하면 이 기업의 [건전성], [개인 존중], [인간미]에 매력을 느끼고 있다는 것을 깨닫게 됩니다.

다른 예로 새로 사귄 친구 때문에 짜증을 느끼고 있다고 해보죠.

이유를 열거해보니 '영화관에서 애플워치를 켜고 몇 번씩 메시지를 확인했다', '남의 집에 와서 양해도 구하지 않고 바로 냉장고를 열었다', '식사할 때 자꾸 머리카락을 만진다' 같은 문장이 나왔습니다. 이런 것들은 [배려심이 부족하다]라는 라벨로 묶을 수 있을 거예요.

'비슷한 생각을 모아서 공통점을 찾아 라벨을 붙인다.' 이렇게 하면 구체적인 항목들을 '인간미'나 '예의' 같은 추상성 높은 어휘로 승화시킬 수 있습니다.

말하는 것을 '좋아하는 사람', 말을 '잘하는 사람'

세상에는 '말하기 좋아하는 사람'과 '말을 잘하는 사람'이 있습니다.

'말하기 좋아하는 사람은'은 단순히 마음에 떠올랐다가 사라지는 '생각'의 단편을 마음 가는 대로 말로 만드는 것에 능숙한 사람입니다. 이런 사람들의 이야기에는 깊이가 없습니다.

'말을 잘하는 사람'은 마음에 떠오른 생각을 건져내서 '그룹화'하고, 그 안에서 공통점을 찾아 '언어'로 묶을 줄 압니다. 생각이 구조화되어 있기 때문에 이야기에 깊이가 있고 스케일도 큽니다.

학창 시절에는 곧잘 이야기했는데 사회에 나오자 말문이 막힌 사람을 몇 명 알고 있습니다. 어릴 때는 생각난 대로 말해서 즐거우면 그만이었지요. 하지만 사회에 나오면 그 수다로 평가되고 가치가 결정됩니다. 책임도 짊어지게 됩니다.

자기표현의 시대인 지금, 말 때문에 쓰라린 경험을 하는 사람도 많습니다. '말하기 좋아하는 사람'인 상태로 사회에 나갔다가 자신이 뱉은 한마디에 발목이 잡히는 경우가 대부분입니다.

지금은 무책임하게 내뱉은 말들로 혼탁해진 세상이라 할 수 있습니다. 무엇이 진짜고 무엇이 속임수인지조차 알기 어렵습니다. 그러니까 더욱 말을 정리하고, 구조화하는 일이 중요합니다. '생각'을 자유자재로 구사할 줄 알면서도 그 말에 책임질 줄 아는 어른이 되어야 합니다. 응원을 보냅니다.

무엇이든 순위를 매기자

마음을 사로잡는 매력적인 화법

⊠

정헌 씨, 최종 면접까지 간 회사가 있다는 소식 들었습니다. 잘됐네요. 그 회사에 들어가서 하고 싶은 일, 자신의 10년 후 모습 등 주제를 정해서 '무엇이든 노트'에 적어보세요.

구직 활동을 할 때 가장 힘을 발휘하는 것은 '나에게는 이런 실력이 있다. 입사하게 되면 특히 이런 업무에서 능력을 발휘할 수 있다'라고 확실히 전하는 것입니다. 자기 분석은 물론 회사 분석도 게을리하지 마세요.

마지막으로 '생각을 매력적으로 전하는 비결'을 알려드리겠습니다. 아무리 '생각'을 '말'로 만들어도 매력적으로 전하지 않으면 의미가 없으니까요.

순위를 정해서 확실히 사로잡아라

제가 즐겨 찾는 유튜버 중에 자기계발 주제의 영상을 제공하는 '마코나리 사장マコなり社長'이 있습니다. 참신한 화제, 높은 전달력, 재미, 모두 훌륭해서 보면 배우는 바가 많아요.

이 '마코나리 사장'이 자주 쓰는 화법 중 하나가 '순위 매기기'입니다. 뭐든 순위를 매겨서 이야기하는 식이죠. 듣고 있으면 '3위는 뭘까?', '왜 1위가 못 됐을까?' 하는 생각이 들어서 흥미진진합니다.

예부터 잡지가 팔리지 않을 때는 '순위 기사를 싣는 것이 제일'이라는 말이 있어요. 사람은 순위가 붙은 것에 약합니다. 순위가 붙으면 주목도가 순식간에 올라갑니다.

이렇게 좋은 방법을 따라 하지 않으면 아깝겠지요? 오늘 전하고 싶은 것은 '무엇이든 순위를 매기자'입니다.

'서교동 런치 베스트5', '최고의 스마트폰 앱 Best5', '싫어하는 성격 5가지' 뭐든 좋으니 엄선해서 한번 써봅시다.

지난 레슨에서 '무엇이든 노트'를 통해 도출해낸 '기업의 매력'은 [건전성], [개인 존중], [인간미]였어요. 이 세 가지를 취직을 결정짓는 순서대로 열거하면 어떻게 될까요?

'1위 개인 존중, 2위 인간미, 3위 건전성'일 수도 있고, '1위 인간미, 2위 건전성, 3위 개인 존중'일 수도 있습니다. 순위에 따라 면접에서 할 이야기도 바뀔 겁니다.

순위를 정하지 않고 막연하게 '기업의 매력'을 생각하면 떠오른 대로 말하게 되고, 그러면 호소력 있는 표현이 나오지 않습니다. 적어도 상대방이 몸을 내밀고 듣고 싶어지는 이야기는 아닐 가능성이 높아요. 평소에도 무엇이든 순위를 매기는 버릇을 들입시다.

'생각'을 '말'로 바꾼 구체적인 표현

이제까지 배운 것을 활용하여 구체적인 면접 예상 답변을 만들어봅시다.

"제가 귀사에 입사하기를 희망하는 이유는 세 가지입니다. 첫 번째는 '인간미'입니다. 이곳에 와서 마주친 사원 여러분은 모두 생기가 넘쳤습니다. 지원자에게도 예의를 지키며 알기 쉽게 설명해 주셨습니다. 멋지고 훌륭한 분들이 일하는 곳이라고 느꼈습니다. 저 역시 이곳에서 일하고 싶습니다. 단순하게 보일지도 모르지만, 우선 인간미에 이끌렸습니다.

다음으로 기업으로서의 '건전성'입니다. 그저 '안정되어 있다'는 것만을 의미하지 않습니다. 첨단기술 개발과 환경 문제에 대한 배려, 장래성과 현재의 안정성을 모두 고려했을 때 매우 건전한 기업이라고 생각했습니다. 저는 대학 시절 SDGs지속가능개발목표를 깊게 공부했습니다. 그런 제가 이곳에서 일하게 된다면 보람도 느낄 것입니다. 저 역시 도움이 되고 싶습니다.

마지막으로 무엇보다 '개인을 존중'하는 회사 시스템과 사풍이 매력적입니다. 미래지향적인 분위기를 느꼈습니다."

바라는 기업에서 합격 통지가 오기를 진심으로 기원합니다.

6

'어, 이거 좋은걸?'이라고
평가받는 기획서 쓰는 법

"기획안이 번번이
탈락됩니다……."

고민 의뢰인
강새롬(26세)

만화책을 좋아했던 새롬 씨는 어릴 때부터 출판사에서
일하겠다고 마음을 정했다. 어려운 관문을 통과해 경사스
럽게도 출판사에서 편집 관련 업무를 맡았다. 다만 아쉽
게도 만화 편집의 꿈을 이루는 대신 일반 서적을 담당하
게 되었다.

새롬 씨는 솔직히 말하자면 만화가 아닌 책은 별로 읽
지 않았다. 비즈니스 관련서나 자기계발서에는 전혀 흥미

가 없었다. 그래서일까, 기획을 제안해도 통과되지 않는다. 게다가 '이건 좀 아닌데……', '느낌이 안 와'라는 식으로 평가받는 이유도 늘 분명치 않다. 후배의 기획은 매번 통과되어서 얼마 전에는 TV 프로그램에도 소개되는 화제작이 되었다.

새롬 씨의 책은 팔리지 않는다. 그뿐인가, 요즘에는 기획조차 전혀 통과되지 않는다. '나에게는 재능이 없는 걸까'라고 생각하는 날이 많아졌다. 주위 사람들이 납득할 만한 기획을 만들려면 어떻게 해야 할까?

바람을 읽자, 공기를 읽자, 사람을 읽자

통과하는 기획을 쓰는 사람의 문장법

새롬 씨, 책을 보내주셔서 감사합니다. 새롬 씨가 편집한 책, 저는 좋았습니다. 내용은 물론이고 레이아웃, 색상, 촉감, 모두 잘 계산되어 있었어요. 팔리지 않은 것은 새롬 씨 탓이 아닙니다. 이렇게 꼼꼼한 작업은 언젠가 꽃을 피울 거예요.

하지만 기획이 통과되지 않는다면 문제겠지요. 게다가 편집장의 '느낌이 안 온다', '무릎을 탁 치게 하는 느낌이 아니다', '팔릴 것 같지 않다'는 말에는 구체성이 부족합니다. 이래서야 어딜 고치고 싶어도 손댈 수가 없어요. 깊이 생각하지 않는 상사일수록 감각적으로 이런 반응을 보이곤 합니다.

하지만 낙심해서는 안 됩니다. 스누피도 말했지요. "주어진 카드로 승부할 수밖에 없어. 그게 어떤 의미든You play with the cards you`re dealt. Whatever that means." 환경에 굴해서는 안 됩니다. '통하는 기획서를 쓰는 법'에 대해 생각해봅시다.

유행, 상황, 심정을 읽는 힘을 기르자

광고 회사에 다니던 시절, 크리에이티브 디렉터라는 위치에 오른 것을 축하하는 자리에서 선배가 이런 이야기를 했습니다.

"크리에이티브 디렉터의 일은 '바람을 읽고, 공기를 읽고, 사람을 읽는 일'이야."

이 말이 이번에 전하고 싶은 메시지입니다.

구체적으로 이야기하면 '바람'이라는 것은 트렌드, 즉 유행을 뜻합니다. 앞으로 어떤 바람이 불어올지 느끼라는 것입니다.

예전에 어떤 패션 크리에이티브 디렉터가 시부야의 쇼핑몰 '109' 근처에서 방향을 정하지 않고 수도 없이 사진을 찍은 적이 있습니다. 그러던 차에 100명 중 한 명이 민트색 옷을 입고 있다는 것을 알아차렸습니다. 다음 주에도 무작위로 찍었는데 그 색깔 옷을 입은 사람이 여덟 명 있었고, 특히 10대 초반이 많았습니다. 이런 식으로 사진 분석을 계속했습니다. 이것이 바로 '바람'을 읽는 일입니다.

결과물을 자꾸 확인하지 말고 지금 보이는 풍경을 찍은 다음, 그 안에서 '조짐'을 발견하는 것. 인스타그램이나 일상적인 대화 속에서도 응용할 수 있는 방법입니다.

다음은 '공기'를 읽는 일입니다. 공기는 현재 상황을 말해요. 현실에도 눈을 돌려봅시다.

'지금 내가 만들고 싶은 책과 유사한 책은 어떤 것인가?'

'서점의 상황은 어떠한가? 인터넷 서점의 리뷰는 어떤가?'

'같은 시기에 우리 회사에서는 어떤 책이 나오는가? 광고나 영업에 투자받을 수 있는가?'

이와 함께 현실을 살핍니다. 수집한 현실의 공기 속에서 내가 만들려는 책의 방향성을 모색하는 겁니다. 꿈만 꾸어서는 화제작을 만들어 낼 수 없습니다. 현실을 봅시다.

마지막으로 '사람'을 읽습니다. 사람의 마음, 즉 심정을 알아야 한다는 뜻입니다.

자신의 현재 기분이나 감각을 얘기했는데 주위 사람들이 "아, 나도 그렇게 생각했어", "동감이야!", "맞아, 알 것 같아!" 하고 공감한다면 그 이야기는 히트작인 셈입니다. 혼자 재미있어 해봤자 세상 사람들이 '혼자 많이 좋아하세요'라고 한다면 그것으로 끝이겠지요.

우선은 나와 타인이 지금 공감하는 것을 생각하고, 그다음으로 남들과 다르게 생각해서 기획합니다. 새롬 씨의 책을 보니 자신의 생각에 중점을 두는 면이 있어서 공감력이 부족하다는 느낌이 들었습니다.

'남과 다르게'를 의식한 나머지 많은 사람이 '내 마음을 어떻게 알았지?'라고 느낄 수 있는 요소가 모자란다고 할 수 있어요. 상사의 '느낌이 안 온다'는 말은 어쩌면 이런 뜻이 아니었을까요?

'바람을 읽는다. 공기를 읽는다. 사람을 읽는다.'

회사나 집 책상 앞에만 앉아 있지 말고 '바람'과 '공기'와 '사람'을 찾아 거리를 걸어보세요. 눈앞을 지나가는 사람들이 '내 마음을 어떻게 알았지?' 하고 생각할 기획을 목표로 삼읍시다.

결과가 떠오르는 제목을 쓴다
제목으로 결과가 바뀌는 이유

새롬 씨, 편지를 받자마자 스마트폰을 들고 거리로 나간 행동력에 경의를 표합니다. 유감스럽게도 코로나19의 영향으로 거리의 풍경도 예전과는 완전히 달라졌어요. 하지만 사람들이 앞으로 어떤 식으로 거리에 모이고, 어떤 변화를 만들어갈 것인가, 이런 것을 관찰하기에는 절호의 기회인지도 모릅니다. 전에 없던 생활 방식이나 즐거움을 찾는 법, 새로운 모임이나 인간관계를 발견하게 될 테니까요. 빠짐없이 분석해보시길 바랍니다.

자, 그럼 이번 레슨을 시작할까요? '상사의 마음이 움직이는 제목을 붙이는 법'이요. 예를 하나 들겠습니다.

머릿속에 영상이 재생되는 문장을 쓴다

다음은 어느 행정기관이 방송 및 보도 관계자들을 모으기 위해 작성한 보도 자료입니다.

① 지역 초등학생을 초대해 제설차 가동식을 개최했습니다.
② 제설차 가동식 개최! 초등학생들, 제설기계 체험!

②의 보도 자료를 보고 방송국 네 곳과 신문사 네 곳이 모였습니다. ①은 아무도 모으지 못했습니다. 어째서일까요?

①을 통해서는 초대받은 초등학생들이 무엇을 했는지 전혀 알 수 없습니다. 글만 보면, 제설차를 보며 서 있기만 했던 것 같아요. 그림이 나오지 않는 취재를 위해 사람이나 카메라를 보낼 여유가 방송국이나 신문사에 있을 리 없지요.

반면 ②에는 '체험'이라는 단어가 있습니다. 이 말만 보아도 아이들이 제설차에 타거나 실제로 핸들을 조작하고 있는 영상이 떠오릅니다. '음, 이건 그림이 나오겠는데. 취재하러 갈까?'라는 마음이 솟아나지요. 지면이나 방송 화면에 내보내면 어떤 결과가 나올지 명확하기 때문입니다.

'상대방의 머릿속에 영상이 재생되는 제목을 붙여라.' 이번에 전하고 싶은 내용은 이것입니다. 제목이나 캐치프레이즈라 하면 참신한 말, 눈길을 끄는 말, 기억하기 쉬운 말장난을 떠올리는 분들이 많을 거예요. 그것도 물론 중요하지만, 현대사회에서 요구되는 것은 '속도'입니다. 알기 쉽고, 누구에게나 공통적인 이미지를 떠올리게 해서 움직이고 싶게 만드는 제목이 더 좋습니다.

'이제까지 없던 말'을 생각하기보다 '들은 사람이 그 상황을 바로 떠올릴 수 있는 말'에 주의를 기울입시다.

'~를 ~한다'를 통해 진화하는 광고 문구

덧붙이고 싶은 것이 하나 더 있습니다. 예전에 스티브 잡스가 1세대 아이폰의 발매를 발표했을 때 이런 말을 썼습니다.

"오늘, 애플은 전화기를 다시 발명할 것입니다.Today, Apple is going to reinvent the phone."

화려한 수식어 없는 한마디이지만, 구형 전화기를 머릿속에서 한번 떠올리게 만드는 문장입니다. 그것을 '재발명'한다니 대체 어떤 모습일지 기대감이 들지 않을 수 없어요.
여기서 스티브 잡스가 사용한 방식은, 낡은 것을 머릿속에서 그리게 한 다음 '~를 ~한다'는 형식을 통해 '진화'하는 모습을 말한 것입니다. 잘 보면 애플 일본의 광고 문구는 진화를 연상케 하는 것이 많아요.

'손에 들고 싶은 것을 손에 들기 쉽게' 아이폰 SE
'파워를 들고 다니자' 맥북 프로

사람을 움직이는 광고 문구의 모범이라 할 수 있습니다. 이런 예를 참고하며 편집장의 머릿속에 영상이 재생될 법한 말을 만들어봅시다.

PT용 스토리 시트를 마스터하자

스토리가 있는 프레젠테이션을 만드는 법

새롬 씨, 3일 후에 기획 회의가 있다고요. 이번에는 통과되면 좋겠군요. 편집장의 입에서 "와, 이거 좋은데?"라는 말이 나오게 하고 싶네요.

'스토리가 있는 프레젠테이션을 만드는 법'을 알고 싶다고 하셨는데, 배웠다고 바로 잘하게 되는 것은 아닙니다. 확실한 결과가 나올 때까지는 몇 번의 성공 경험을 쌓아가면서 자기 나름의 프레젠테이션 양식을 만들고, 그것을 갈고 닦을 필요가 있지요. 제가 이제부터 말할 것은 기초 중의 기초라고 생각하세요.

이번에는 프레젠테이션을 하나의 '이야기'로 보고 순서에 따라 말하기 위한 양식을 소개합니다. 제가 만든 '이야기 공유 시트'를 참고하세요.

'이야기 공유 시트' 만드는 법

| 이야기 공유 시트 | 이름 |
| | 발매일 |

이 부분이 기회!	제작 시 유의할 점과 예상되는 어려움
○ ○ ○	○ ○ ○
그래서 이 책을 왜 만드는지	주목! 다른 책과의 차별점
○ ○ ○	○ ○ ○
이런 사람들에게 추천한다	독자에게 이런 감상을 듣고 싶다!
○ ○ ○	○ ○ ○

① 이 부분이 기회!

트렌드. 어째서 지금이 기회인가. '바람을 읽다'를 떠올리며 말해봅시다.

② 그래서 이 책을 왜 만드는지

만들고 싶은 책의 내용을 이야기합니다. 회의에 참석한 전원이 최종 결과를 그려볼 수 있도록 말합시다.

③ 이런 사람들에게 추천한다

불특정 다수를 타깃으로 하지 말고, 어떤 생활을 하며 어떤 인간관계 속에서 살아가고, 어떤 꿈과 어떤 고민을 가지고 있는 사람을 위한 것인지 구체적으로 이야기하세요. 책은 특정 사람에게 보내는 러브레터입니다.

④ 제작 시 유의할 점과 예상되는 어려움

어떤 부분에 주의해야 하는가, 예상되는 장애물은 무엇인가. 이런 것도 솔직하게 말합시다. 공감을 부를 수 있고, 좋은 조언을 받을 수도 있습니다.

⑤ 주목! 다른 책과의 차별점

다른 유사도서와 어떤 점이 다르고 어떻게 차별화해 갈 것인지 말합니다. 어떻게 분석하느냐에 따라 이 책에 쏟는 의지가 전해질 것입니다.

⑥ 독자에게 이런 감상을 듣고 싶다!

이 책을 손에 들고 실제로 읽은 독자에게 어떤 감상을 받고 싶은지 마치 인터뷰한 것처럼 '생생한 목소리'를 전합니다. 이미 책이 대성공을 거둔 것처럼 마무리를 짓습니다.

프레젠테이션은 이 '이야기 공유 시트'를 활용해서 써보세요. 순서대로 당당하게 발표하면 상사의 시선에 움츠러드는 일도 없어질 것입니다. 프레젠테이션 전날, 활용하기 어려운 부분이 있으면 쓰기 편하게 고쳐도 상관없습니다.

마지막으로 하고 싶은 말은 자신이 느낀 것에 자신감을 가지고, 그것을 소중히 아끼라는 것입니다. 바람을 읽고, 공기를 읽고, 사람을 읽으면 나의 감성과 시대가 일치하는 순간이 반드시 옵니다. 꿈꾸던 직업을 갖게 된 행운에 감사합시다. 행운을 빕니다.

어른의 어휘력은
'자석'으로 강화된다!

....

일본의 '국민시인'이자 그림책 작가인 다니카와 슌타로 谷川俊太郎의 작품 중 〈산다〉라는 시가 있습니다.

산다는 것
지금 살아 있다는 것
그것은 미니스커트
그것은 플라네타륨
그것은 요한 슈트라우스

그것은 피카소

그것은 알프스

아름다운 모든 것을 만나는 것

그리고

숨겨진 악을 주의 깊게 막아내는 것

이 시는 '산다'라는 말을 마치 자석처럼 써서 작가의 감정을 움직인 단어를 나열하고 있다. 각자 자신의 감성에 따라 '산다'라는 말에 반응하여 달라붙은 말을 찾아보자. 예를 들면 이런 것들일지도 모른다. 스마트폰 충전기, 필름 카메라, 라벤더 향 크림, 하늘색 메모지…….

◌ 말은 자석이다

어휘력을 높이기 위해 모르는 단어의 의미를 조사해 기억하는 것도 물론 중요하다. 하지만 그 이상으로 중요한 것은 '외로움', '용서할 수 없는 것', '분노' 같은 말을 자석으로 이용해 자신만의 감성으로 주변 단어를 끌어당기는 훈련을 하는 일이다.

예컨대 하얀 종이에 '외로움'이라고 써보자. 그다음으로 떠오르는 단어는 어떤 것인가? 여벌 열쇠, 인기척 없는 교실, 연보라색 편지지, 손거울……. 지금 내 머릿속에서 떠오른 것은 이런 단어다. 여러분이 생각한 것과는 완전히 다를 것이다. 그래도 괜찮다. 정답은 없으니까. 여기에 모인 것은 '외로움'을 자석 삼아 내가 당겨낸 어휘의 집합이다.

우리는 일상생활 속에서 별생각 없이 언어를 사용한다. 제철 꽁치가 맛있었다면 일단 "맛있네", "대박!", "완전 맛있어!" 같은 말로 표현하며 살아가고 있다. 잘 생각해보면 평소에는 단어 100개 정도를 적당히 돌려쓰고 있는 것에 불과하다.

빨간색이라도 명도와 채도에 따라 서로 다른 빨강이 무수히 펼쳐지듯 매일 쓰는 단어에도 '그러데이션Gradation'이 풍부해져야 한다. "대박!'으로 끝날 말을 " "풍미가 있다", "지방이 통통하게 올랐네", "가을의 쓸쓸함 같은 맛이다", "역시 제철음식이야", "신선해서 마치 살아 있는 것 같아" 등으로 바꿔보자. 하얀 종이 한가운데 '꽁치'라고 쓰고, 그 맛을 표현하는 단어들을 적어보는 것이다. 해보면 곧 자신의 빈약한 어휘력을 알게 된다. 하지만 일단 시도해보는 것이 중요하다.

이렇게 하고 나면 누군가가 우연히 '꽁치'의 맛을 표현했을 때 '아, 저렇게도 말할 수 있구나!'라는 생각이 들어 무릎을 치게 될 것이다. 이런 작은 감동이 모이면서 비로소 어휘도 늘어난다. 일상에서 쓸 수 있는 무기가 하나 늘어나는 셈이다.

◌ 타인의 말도 저장한다

나는 '말 자석'을 다양한 상황에서 사용해왔다. 광고 회사에서는 '광고'라는 자석을 이용해 선배들의 말을 모았다. 회의나 토론을 하다가도 좋다는 느낌이 든 어휘는 메모했다.

예를 들어 광고에 관한 말이라면,

대세의 흐름, 알기 쉬울 것, 내가 듣고 싶은 말, 응원가, 젊은 사람에게서 훔쳐 올 수 있는 것, '좋지 아니한가' 민중 운동(에도 시대 말기인 1867년에 일어난 민중 운동. 선창자가 구호를 외치면 뒤따르던 민중들이 '좋지 아니한가'라고 외친 것에서 이름이 붙었다.-옮긴이 주)이 만들어낸 말, 느끼고 보는 것, 머릿속에서 이미 답이 나와 있는 것, 쓸모없음의 쓸모, 빼기의 예술, 단순함의 가르침,

끊임없이 받은 신호…….

이런 것들이 바로 떠오른다. 각별하게 다가온 타인의 말을 적어보자. 그 말 하나하나는 다른 사람의 것이지만, 그 말의 집합은 내 감수성이 만들어낸 것이다. 세상 그 누구도 가지고 있지 않은 나만의 어휘 집합이다.

다니카와 슌타로는 가장 좋아하는 말로 '좋아하다'를 들었다. "무언가를 좋아하게 되는 것은 인생에서 굉장히 중요한 일이에요. '좋아하는 것'은 '사랑의 바탕'이 되니까요"라고 말하기도 했다. '좋아하다'라는 말 자석으로 마음을 울리는 단어를 모아볼 수도 있을 것이다. 나는 이 방법이 가장 효율적으로, 그리고 즐겁게 나만의 어휘 세계를 확장할 수 있는 방법이라고 생각한다.

준비물은 하얀 종이와 펜이면 충분하다. '좋아하다'를 한가운데에 쓰고, 내가 '좋아하는' 어휘를 늘려보자.

7

칭찬력을 높이기 위한
3가지 비결

"매.우.아.름.다.우.세.요."

고민 의뢰인
선아정(33세)

서울에 있는 호텔에 입사한 아정 씨는 웨딩플래너로 일하고 있다. 처음에는 '100퍼센트 행복에 둘러싸인 일을 하고 있다'는 달콤한 기분에 취해 있었는데 웬걸, 일은 역시 힘들었다.

손님에게는 일생에 한 번뿐인 결혼식이다. 정해진 대로 업무 처리 중이라는 기색을 내비칠 순 없다. 매번 "와, 너무 아름다우세요", "행복하시겠어요"라며 웃는 얼굴로 말하지만, 5년 차에 들어서자 사실은 힘에 부치기 시작했다.

"우선 저부터가 '아름다우세요'라는 흔한 말에 질리기 시작했어요. 하지만 다른 말이 없는 거예요. 좀 더 칭찬을 잘하는 사람이 되고 싶어요."

이것이 아정 씨의 고민이다. 물론 '웨딩드레스를 만질 수 있는 일은 정말 멋지고, 손님이 감사하다고 하면 눈물이 나온다'는 말도 덧붙였다.

그만둘 생각은 없다. 어떻게 해야 '축하드려요', '아름다우세요'가 아닌 말을 써서 멋지게 칭찬할 수 있을까? 그것을 알고 싶어서 상담 편지를 썼다.

상대의 장점을
한마디로 정리하자

칭찬을 발견하는 법

아정 씨, 설마 그 호텔 로비에서 만나게 될 줄이야. 먼저 인사해줘서 고마웠어요.

자, 그럼 바로 고민에 대답해볼까요?

"잘 어울리시네요", "아름다우세요"라고 말하는 것에 지쳤지만 '그것을 대신할 좋은 칭찬이 없다'라는 이야기였죠.

잘 몰랐는데 저는 ○○이네요!

소설가 아쿠타가와 류노스케의 작품 《거미의 줄》을 읽어본 분이라면 아실 겁니다. 소설 안에서 더 생생하게 묘사된 곳은 연꽃이 핀 천국이 아니라 무시무시한 지옥이었지요.

아무래도 인간이라는 존재는 천국보다 지옥을 그리는 것이 더 수월한가 봅니다. 천국 부분은 지루하고, 분량도 적고, 묘사도 평범해집니다. 그럼 '웨딩플래너'는 천국과 지옥 중 어디에 속하는 일일까요?

답은 물론 말할 것도 없지요. 천국입니다. 그러니까 어렵습니다.

"아름다우세요", "행복하시겠어요" 같은 말밖에 없는 것입니다. 아무래도 매너리즘에 빠지기 쉬워요.

칭찬의 가짓수를 늘리는 조언을 하기 위해, 제가 광고 회사에 들어갔을 때 한 선배가 들려준 에피소드를 소개하고 싶습니다.

"히키타, 최고의 칭찬이란 뭐라고 생각해?"

광고 카피를 쓰기 시작했을 무렵 선배가 갑자기 이렇게 질문했습니다. 뭐라고 대답하면 좋을까요? 선배의 답은 이러했습니다.

"그 칭찬을 듣고 상대방이 '잘 몰랐는데 난 ○○구나!' 하고 생각하게 되는 말이야."

'잘 몰랐는데 나는 케이크를 깔끔하게 먹는구나', '잘 몰랐는데 나는 위로를 건네는 타이밍을 잘 잡는구나'처럼 상대가 스스로 자신의 장점을 발견하게 만드는 것. 이것이 선배가 말하는 최고의 칭찬이었습니다.

광고 문구 역시 '잘 몰랐는데 이 상품에는 이런 좋은 점이 있습니다'는 걸 알리라고 배웠습니다. 눈이 번쩍 뜨이는 것 같았습니다. 정말 맞는 말이었거든요. 나도 몰랐던 내 모습을 칭찬받으면 누구나 기쁘기 마련이니까요.

칭찬은 '발견'하는 것

웨딩플래너로서 선배의 이 말을 활용해보면 어떨까요?

"등이 많이 패인 드레스인데 손님께서는 필라테스를 하셔서 그런지 등의 움직임이 굉장히 아름다우세요. 뒷모습에서 활기와 우아함이 느껴져요."

"손님처럼 웃을 때 입꼬리가 자연스레 올라가는 분은 별로 안 계세요. 넓은 결혼식장에서도 행복함이 잘 전해질 것 같아요."

결국 '칭찬'은 '발견'입니다.

'아름답다'나 '귀엽다'를 달리 표현하는 말을 찾는 것이 아니라, 상대 안에서 발견해야 합니다.

아정 씨는 이미 많은 신부를 만나 왔을 것이고, 머릿속에 그만큼 많은 발견이 저장되어 있을 거예요. 조금만 의식하면 아름다움의 포인트를 쉽게 발견할 수 있을걸요? 그렇게 되면 분명 일도 즐거워질 거예요.

더욱더 많은 행복을 발견하길 바랍니다.

점성술에서
긍정의 힘을 받아오자
칭찬의 말을 늘리는 비법

아정 씨, 호텔 우대권 감사히 받았습니다. 몸 둘 바를 모르겠네요. '잘 몰랐는데 나는 ○○하구나!'라는 칭찬법이 좋은 평가를 받은 것 같아 기쁩니다.

이번엔 '어휘가 부족해서 발견한 포인트를 전하기 어렵다'라는 고민이네요. 그래요. 상대의 좋은 점을 발견했어도 그것을 표현할 말이 없다면 소용이 없지요. 지난번에도 썼듯 '칭찬'의 어휘는 많지 않으니까요. 그렇다면 어떻게 '칭찬의 가짓수를 늘릴 것인가'를 알려드리겠습니다.

운세는 나와 관계없는 부분까지 읽는다

운세를 믿으세요? 별자리, 사주팔자, 손금, 풍수, 무엇이든 좋습니다. 그런데 그런 글을 읽을 때 나 자신이나 연인, 친구들하고는 상관없는 부분까지 훑어본 적 있나요?

사실 '운세 풀이는 칭찬의 보고'라 할 수 있습니다. 이런 종류의 글을 볼 때 우리는 보통 자기와 관계있는 부분만 읽습니다. 게다가 그중에서도 결점과 주의 사항을 중점적으로 읽는 경향이 있습니다. 시점을 조금 바꾸어서, 운세 풀이를 '긍정의 힘 전집'이라고 생각하고 읽어봅시다.

저는 《생일 백과사전誕生日大全》이라는 책을 가지고 있어요. 1월 1일부터 12월 31일까지 그날에 태어난 사람의 성격과 운명을 망라한 책입니다.

덧붙이자면 제 생일은 4월 22일입니다. 찾아보니 '집단을 통솔하는 역할', '머리 회전이 빠르다', '임기응변에 강하다', '독창적', '화려함', '말을 앞세우지 않고 행동한다', '자기 표현력이 있다', '유머러스하다' 같은 말이 나오네요.

물론 부정적인 말도 많지만 무시하기로 해요. 긍정적인 '칭찬의 말'에 쓸 어휘를 늘리는 것이 목적이니까요.

사고가 깊어지면 말도 깊어진다

이렇듯 운세와 관련된 책에는 진취적인 말이 많이 실려 있습니다.

'아하, 천부적인 낙천주의자라는 칭찬 표현도 있구나'라고 의식하며 읽으면 효과적입니다.

손님과 신혼여행에 관해 말할 때 머릿속에 '화려함', '독창적', '모험심', '균형 감각', '유행의 선구자', '포용력' 같은 단어가 떠오른다면 대화가 훨씬 편해지겠지요?

웨딩플래너의 일은 타인의 행복을 돕는 것입니다. 꼭 이런 책이 아니더라도 긍정적인 말을 최대한 많이 경험하도록 늘 주의를 기울입시다.

다만 이때 기억해야 할 것이 있어요. 일전의 편지에 썼듯 칭찬의 기본은 '상대방이 스스로도 모르는 좋은 점을 발견하는 것'이 주가 되어야 합니다. 책에 나오는 '긍정적인 말'은 좋은 점을 좀 더 정확하게 발견하기 위한 기초 레슨이라는 점을 명심하세요.

유감스럽게도 SNS를 보면 사람을 비방하고 상처 입히는 말이 가득합니다. 세상에는 비판, 부정, 온갖 욕설이 넘치고 있습니다. 그러니 더욱 다른 사람을 칭찬하는 말이 소중하고, 곧 상대방의 마음속에 남는 말이 됩니다.

긍정적이고 아름다운 말을 아낌없이 쓰는 사람이 됩시다. 좋은 말에 늘 몸과 마음을 푹 담급시다.

레슨3

침묵이 칭찬을
명확하게 한다

효과적으로 칭찬하는 법

....

아정 씨, 곧바로 별자리와 운세에 관한 책을 사서 실천하고 계시는 것 같군요. 최선을 다하고 있는 모습, 편지를 통해서도 알 수 있습니다.

지난번 편지보다 밝은 어휘가 늘어서 유쾌한 인상을 받았어요. 하지만 이제부터가 또 문제이지요. 아정 씨도 썼듯 '칭찬의 말이 영혼 없이 들린다'는 것이 다음 난제군요.

'침묵'이라는 칭찬을 소중히 여기자

좋은 점의 '발견'이 기본이라고는 했지만 매번 '발견'이 있기는 어렵습니다. 또 '점성술'이 들려주는 긍정의 힘 역시 지나치게 쓰면 빗나가기 마련입니다. 그러면 결혼을 맹세한 두 사람을 더욱 행복하게 만들기 위해 칭찬을 어떻게 효과적으로 전달해야 할까요? 여기서 웨딩플래너의 원점으로 돌아가 봅시다.

웨딩플래너를 찾는 손님은 이미 행복합니다. 다소의 말다툼이나 싸움은 있을지언정 기본적으로 행복하다고 해도 과언이 아닙니다.

행복한 사람은 대체적으로 '틈만 나면 말하고 싶다'고 생각합니다. 행복의 정점에 있는 지금을, 여기까지 온 자신을, 연인과의 만남과 연인의 성격을, 앞으로 어떻게 할지를, 어떤 문제를 안고 있는지를, 무엇이 바쁘고 무엇이 부족하며 어떤 문제가 말썽을 부리고 있는지를 너무도 말하고 싶은 것입니다. 나쁘다고 할 순 없지요. 행복한 사람의 말수는 늘어나기 마련입니다.

이때 취해야 할 자세는 하나, 침묵하는 겁니다. 상대방의 말을 듣는 것. 상대의 이야기에서 나오는 말을 사용해 '두 사람만의 결혼식'을 제안하는 것. 이 목표에 도달하기까지 철저히 듣는 역할에 집중해서 상대가 말하게 하는 것. 기억해야 할 대단히 중요한 커뮤니케이션 방법입니다.

작가 무라카미 하루키村上春樹가 소설《1973년의 핀볼》에서 '남의 이야기를 자진해서 들어주는 사람이 아주 적은 시절'이라고 쓴 것도 벌써 50년이 지난 이야기가 됐군요. 이제 타인의 말을 듣는 사람은 더욱 줄어서, 멸종위기에 가깝다고 할 정도입니다. 누구나 자기 이야기를 하고 싶어 하는 시대인 만큼 '경청하는 사람'의 평가는 더욱 올라가기 마련입니다.

그냥 듣는 것이 아니라 진지하게 귀를 기울이는 사람이 있다면, 그 사람이 하는 일에 대한 신뢰감도 그만큼 쌓이게 됩니다. 자기 이야기를 하고 싶은 마음은 잠시 접어두고 상대방을 받아줍시다. 그러기만 해도 그릇이 큰 사람으로 보입니다.

너무 칭찬하지 않는 것도 칭찬이다

또 하나 덧붙이고 싶은 것은 '지나치게 칭찬하지 말 것' 입니다.

'칭찬'하기는 어렵습니다. 말이 너무 많아지면 겉치레나 아첨으로 들립니다. 평가하는 것처럼 들리거나 깔보는 것처럼 느껴질 수도 있고, 상대를 치켜세운 나머지 자신을 비하하면 질투한다고 여겨질지도 모릅니다.

추켜세우지 말 것. 알랑거리지 말 것. 지금 가장 좋다고 생각하는 점을 구체적으로 마음을 담아 칭찬할 것. 이런 태도가 필요합니다. 너무 칭찬하지 않는 것도 소중한 칭찬의 방법임을 가슴에 담아두세요.

갑자기 몸에 익는 것은 아니니 무리하지 않아도 괜찮아요. 누군가에게 도움이 되고 싶고 나도 성장하고 싶다는 마음이 있다면 반드시 사람을 행복하게 만드는 말의 명수가 될 수 있습니다. 평생 단 한 번 있는 순간에 갈채를 보낼 수 있는 사람이 되실 겁니다.

활짝 웃는 얼굴에는 사람을 행복하게 만드는 힘과 새 출발을 축복하는 데 어울리는 상쾌함이 묻어납니다. 침묵과 경청을 활용할 줄 아는 멋진 미소를 잃지 말길.

8

사람을 끌어당기는 강력한 카피를 쓰는 법

"팔리는 카피가 무엇인지 길을 잃었어요."

고민 의뢰인
이나래(27세)

나래 씨는 올해 화장품 대기업에 입사했다. 지망한 대로 광고부에 들어가서 즉시 온라인 광고 카피라이팅 업무를 맡게 되었다.

대학 시절에는 '광고 연구회' 동아리도 다녔다. 문장에는 자신이 있는 편이다. 하지만 스스로 생각하기에 좋은 카피를 써도 상품은 팔리지 않았고, 인지율이 오르지 않았다. 평가를 보니 '불쾌했다'는 사람도 많아서 자신감을 잃고 말았다.

'사람을 끌어당기는 강력한 카피를 쓰고 싶다'는 생각에 힘을 쏟지만 채택되지 않는다. 솔직하게 쓰기도 했고, 미사여구를 동원하기도 했다. 좋은 광고를 흉내 내는 등 노력을 기울여도 내리막길에서 벗어나지 못하고 있다.

'모두가 주목하는 광고 문구를 쓰고 싶다. 한마디 말로 최대풍속의 바람을 만들어내고 싶다.'

이를 위한 조언을 기대한다고 나래 씨는 편지를 썼다.

한탕주의를 버리자

말에 힘을 싣는 비법

나래 씨, 편지 감사합니다. 리듬감이 느껴지는 문장이었어요. 단숨에 읽었습니다. 문장에 타고난 재능이 있군요. 전통 있는 화장품 회사 광고팀에 발탁될 만합니다. 하지만 광고 문구가 판매로 이어지지 못하고, 인지도도 올라가지 않았군요. 불쾌함을 느낀 사람까지 있다니 타격이 컸겠어요. 아직 젊으니 초조해할 것 없지만, 제 나름대로 생각한 것을 써보겠습니다.

띄우고 싶은 욕망이 나쁜 카피를 만든다

'한마디 말로 최대풍속의 바람을 만들어내고 싶다'는 말은 즉, 모두의 공감을 불러일으켜서 '좋아요' 같은 평가를 받고 싶다, 널리 확산되어서 히트를 칠 뿐 아니라 실제로 상품이 잘 팔려나가는 문장을 쓰고 싶다는 뜻일 거예요. 솔직히 말해 그런 글을 쓸 수 있다면 이미 큰 부자가 됐겠지요. 그 방법을 모르기 때문에 많은 사람이 도전과 실패를 거듭하고 있습니다.

나래 씨의 문장과 실제로 사용된 카피를 보니 조금 걱정되는 부분이 있었어요. '이렇게 하면 화제가 될지도 모른다'는 욕망이 너무 투명하게 보이는 점입니다. '팔고 싶다'는 마음이 상품보다 먼저 고객의 눈에 띄고 맙니다.

스마트폰이 세상에 나온 지 10년이라는 세월이 흐르며, 우리가 읽고 쓰는 문장도 크게 변했습니다. 누구나 손쉽게 자신의 글을 세상에 내보낼 수 있게 됐지요. 그러자 날카롭고 강하게 보이려고 거칠고 자극적인 말을 남용하는 경향이 나타났습니다.

그 결과 우리는 과대광고와 가짜 뉴스를 매일같이 접합

니다. 자기 사생활을 공개하며 스스로를 상품처럼 팔고, 악플을 유도하기까지 하는 이도 있습니다. 예전에는 없던 방식으로 화제를 불러 모으려 하는 사람들이 등장한 것입니다.

이런 가운데 '사람을 끌어당기는 말', '최대풍속을 불러 일으키는 말'을 지향하다 보면, 과장된 이야기를 섞거나 극단적으로 부정적인 어감의 표현을 써보는 등 '눈에 띄는 것'에 자꾸 마음이 가기 마련입니다. 이는 대단히 위험하다 할 수 있어요.

광고 회사에 입사했을 때 저는 선배에게 '음담패설과 업계 이야기는 기획으로 만들지 말 것'이라고 배웠습니다. '음담패설'은 쉽게 주목을 끌 수 있지만, 점점 걷잡을 수 없어져서 경박하게 보일 수 있습니다. '업계 이야기'는 자기 생각에는 재미있는 것 같아도 일반 사람들은 재미를 느끼지 못합니다. 자칫하다간 반감, 질투, 혐오감을 살 수도 있고요. 이 두 가지는 '쓰면 안 된다'고 단단히 주의를 받았습니다.

선배는 '기획의 품격'을 지키는 것의 소중함을 가르치고 싶었을 것입니다. '어떤 것을 쓰지 않는가?'를 정하면 문장의 품격을 지킬 수 있습니다. 자꾸 눈에 띄는 것만 생각하게 되는 요즘 시대에 더욱 중요한 일이지요.

친한 사람에게 추천할 때 어떻게 말할 것인가?

단 한 번의 시도로 크게 성공하려는 태도를 '한탕주의'라고 합니다.

세상에 글을 내보내는 많은 사람들이 이 한탕주의에 빠져 일확천금을 노리고 문장을 씁니다. 그 결과, 가상 세계나 현실 세계를 가리지 않고 '1초만에 해결', '눈 깜짝할 사이 18킬로 감량' 같은 광고 문구가 성행하고 있지요. 하지만 의뢰인이 근무하는 전통 있는 대기업은 이런 카피를 쓸 수 없을 것이고, 쓸 필요도 없습니다.

우리는 마음속에 싹트고 있는 '한탕주의'를 버려야 합니다.

잠깐 인기를 끌 문장을 궁리하지 말고, 어머님이나 자매, 친한 친구에게 그 상품을 진심으로 추천할 때 어떻게 말할지 생각해보세요. '많은 사람'에게 팔기 위해서가 아니라 '많은 사람 중 한 명'을 납득시키려면 어떻게 해야 하는가부터 생각해보는 것입니다.

'시세이도'나 '토요타'에서 마음에 남는 광고 문구를 만들어낸 이와사키 슌이치岩崎俊一라는 훌륭한 카피라이터가 있습니다.

'다정하게 대하면 머리카락도 힘을 낸다' 시세이도 슈퍼마일드 샴푸

이와사키가 만들어 낸 명카피 중에 저러한 문장이 있습니다. 사람과 모발과 샴푸의 관계가 기분 좋게 마음에 와닿지요? 여기에는 한탕주의 대신 인간미가 있습니다. 친한 사람에게 추천하고 싶게 만드는 힘이 있는 것입니다.

어떻게 띄울지 고민하기 전에 '좋아하는 사람에게 추천할 말'을 찾아보세요. 한탕주의를 버리고, 사랑하는 사람이 자기도 모르게 미소를 짓게 될 문구를 써보세요. 그렇게 할 때 나만의 광고 문구가 탄생할 것입니다.

'단숨에 쓰기'를 반복한다

바로 와 닿는 문장을 쓰는 비결

나래 씨, 이와사키 슌이치의 저서 《행복을 응시하는 카피幸福を見つめるコピー》를 바로 사서 읽어보셨다고요. 좋은 책이지요? 말에서 따스함을 느낄 수 있을 거예요. 이와사키 씨의 광고 문구는 단골 거래처, 소비자, 자기 가족, 주변 사람들에게 보내는 '러브레터' 같습니다.

'받은 것은 산 것보다 조금 더 맛있다.' 세이부 백화점

이런 말을 한번 읽으면 선물을 받을 때마다 생각납니다. 좋은 문장이란 이런 것이겠지요. 장기 기억에 스며들어 무슨 일이 있을 때마다 떠올리게 되는 문장이에요.

이와사키는 분명 선물을 받을 때마다 '왠지 평소보다 기쁘고, 맛있고, 따뜻하다'는 마음을 느꼈을 거예요. 생활 속에서 우리도 몇 번씩 이런 경험을 합니다. 그것이 군더더기 없이 상품과 연결되었을 때 누구나 무릎을 치게 되는 카피가 탄생하는 거예요.

미사여구보다 중요한 것은 매일 살아가며 자기 마음속의 변화를 관찰하는 것입니다. 그리고 그것을 있는 그대로 문장으로 만드는 용기를 내면 됩니다.

같은 시간에 같은 분량을 올린다

오늘의 과제는 카피라이터 이와사키 슌이치처럼 말로써 '사람의 내면에 파고드는 온기를 전하는 법'입니다. 해야 할 일은 간단해요.

매일 빠지지 않고 SNS에 글을 올리는 것입니다.

'빠지지 않고' 하는 것이 핵심입니다.

저는 10년 가까이 매일 페이스북과 블로그에 1000자 정도의 칼럼을 써 왔습니다. 매일 1000자씩, 많이 올릴 때는 네다섯 편씩 씁니다. 사람이니까 컨디션이 안 좋은 날도 있고, 짜증스럽고 머릿속이 맑지 않은 날도 있어요. '오늘은 쓰지 말까?'라는 유혹이 몇 번이고 뇌리를 스치지요. 그래도 씁니다. 솔직히 눈 뜨고 볼 수 없는 글도 많아요. 일어나자마자 키보드를 두드리니 오자와 탈자는 물론이고 문장이 꼬이는 일도 적지 않고요. 그런 글은 다시 읽을 때마다 침울해진답니다.

그래도 계속하는 이유는 솔직한 문장을 쓸 수 있기 때문입니다. 남들이 좋아할 만한 글을 쓰고 싶을 때도 있고, 읽는 사람을 동하게 해보려고 이리저리 머리를 굴릴 때도 있었습니다. 하지만 계속 쓰다 보니 어느샌가 저만의 문장 아카이브Archive가 축적되어, 보다 객관적인 시선을 갖추게 되더군요. 즉 자기 글의 좋은 점과 나쁜 점이 모두 보이게 된 것입니다.

실제로 예전에 썼던 글을 다시 읽으면 '나 글 좀 쓰지?'라는 거만하고 우쭐거리는 부분이 빤히 눈에 들어와 부끄럽습니다. 그런 글에는 '좋아요'도 적고 댓글도 별로 달리지 않았어요. 사람들 눈에는 다 보이는 것이지요.

그 부분을 알고 카피를 쓰면 자기중심적인 표현은 자취를 감추게 됩니다. '아, 이런 문장을 쓰면 읽는 사람도 편하겠구나' 하는 지점도 체득할 수 있습니다.

그러니 반드시 매일 SNS에 일정한 분량을 써봅시다.

쓰고, 쓰고, 쓰다 보면 크리에이티브 점프!

하나 더. '크리에이티브 점프'에 대해 말해보려 합니다.

뭐니 뭐니 해도 카피는 많이 쓰는 것이 중요해요. 머릿속에 있는 말을 전부 끄집어낸 다음에야, 텅 빈 머릿속에 완전히 새로운 말이 들어설 수 있습니다.

계속 쓰다 보면 점점 문장에서 맥락이 사라집니다. 스스로 말을 제어할 힘이 없어졌을 때, 기억 깊은 곳에서 자기 자신조차 알아차리지 못했던 말이 나오는데, 이것을 '크리에이티브 점프'라고 합니다.

노력하고 반복하면 크리에이티브 점프를 몇 번씩 경험하게 됩니다. 뱉어낼 만큼 뱉어내면 머릿속에 아직 언어가 존재하지 않는 '갓난아기' 상태가 찾아오는 것입니다.

눈에 보이는 모든 것이 신선하고, 몸 안은 호기심으로 충만합니다. 바로 이때 최대풍속의 말이 펜 끝에서 흘러나오는 거지요.

영국 작가 윌리엄 해즐릿William Hazlitt은 이렇게 말했습니다.

"더 하면, 더 할 수 있다."

좋은 말을 먹자
언어력을 높이기 위한 훈련

안녕하세요, 나래 씨. 최근 쓰기 시작했다는 나래 씨의 블로그 참 좋네요. 자전거로 동네를 누비다 책방 주인과 맞닥뜨린 이야기를 특히 재미있게 읽었습니다. 옛날에 '자전거 크기의 거리'라는 멋진 광고 문구가 있었는데, 나래 씨의 글은 '자전거 높이의 시선'이군요. 바람을 가르는 소리와 따뜻한 정이 느껴집니다. 무엇보다 '한탕주의'가 없는 점이 좋아요. 나래 씨의 솔직한 모습이 말로 잘 표현되어 있습니다.

이번에는 '언어력을 키우기 위한 공부법'에 관한 레슨입니다. 쉽지는 않을 거예요.

우선 '언어력을 높이는 왕도는 없다'라는 점을 이해하길 바랍니다. 그런 획기적인 방법은 동서고금을 막론하고 없습니다. 그 점을 이해한 후에 제가 어떻게 '언어력'을 높이는 훈련을 해왔는지 소개하겠습니다.

감명받은 말은 통암기하라

제가 추천하는 연습은 '감명받은 말을 삼키듯 기억하기'입니다. 아주 특별한 비결은 아니지요? 학생 시절, 사전을 통째로 암기하는 법에 관한 이런 이야기가 떠돌았어요. '좋았어, 전부 외웠다! 이제 이 페이지는 필요 없어!'라는 생각이 들었으면 그 페이지를 우적우적 씹어 삼킨다는 겁니다. 당연히 비유나 우스갯소리겠지만, '말을 먹는다'는 이 느낌이, 언어를 생업으로 삼는 사람에게는 필요합니다.

센스나 감수성도 중요하지만 그것을 표현할 어휘가 없다면 사람의 마음속에 켜켜이 도달하는 문장을 만들어낼 수 없습니다.

아방가르드 예술가이자 극작가이기도 한 데라야마 슈지寺山修司는 '말을 친구로 삼자'고 했습니다. 말과 글로 먹고사는 일은 사이좋은 '말 친구'가 얼마나 많이 있는가에 달려 있습니다. 말을 많이 만나고, 그 말을 뱃속에 담아둡시다. 그것이 제가 추천하는 훈련법입니다.

스마트폰을 보다가 이런 말을 만났습니다.

MERRY GOOD JOB! 칭찬하자, 우리를.
루미네 크리스마스 2020(루미네: 신주쿠에 위치한 쇼핑몰-옮긴이 주)

'코로나로 신음했던 2020년이었지만 그래도 힘을 내서 크리스마스를 맞이한 우리를 칭찬하자.' 이 문장을 보면 이런 마음이 전해집니다. 이 말을 통으로 암기합니다.

올겨울, 눈까지 녹일 만큼 공부로 타오르자.
와세다 아카데미(일본의 입시 학원-옮긴이 주)

아이들을 가르칠 기회가 많아 저는 이 말도 통째로 삼

켰습니다. 추위 속에서 빨갛게 타오르는 투지, 그야말로 말에서 '색채'가 느껴졌기 때문입니다.

고민된다면, 고민되는 만큼, 충분히 고민하세요.
어스뮤직&에콜로지(일본의 여성복 브랜드-옮긴이 주)

서둘러 구매를 강요하지 않고 고민을 권하는 점이 오히려 호감을 삽니다. 막연한 불안에 시달리는 일이 늘어난 요즘, 이 말은 일상 회화에서도 활용할 수 있을 것입니다.
이처럼 가슴에 와 닿은 말들을 수험생이 영어 단어 외우듯 암기해보세요. 느낌이 온 말이면 무조건 삼켜서 내 것으로 만듭시다.

'거리의 말'을 통째로 기억한다

누군가 실제로 입에 담은 말 중에도 암기하고 싶은 문장이 있을 수 있습니다. 일본의 카피라이터 마키 준眞木準은 "말은 '소리'라고 불리는 하나의 신체부위다"라고 말했습니다. 사람의 입에서 흘러나온 말은, 활자로 정착한 말

과는 다른 타이밍과 힘을 가지고 있습니다. 입으로 흉내
내면서 통째로 외웁시다.

예를 들면 이런 말을 들은 적이 있었습니다.

멋진 여성에게 "곧 또 봬요"라고 했더니 "곧 보자고 하
는 사람과 실제로 만난 적이 없어요. 3개월 안에 보자고
해도 반년은 걸리더군요. 날짜를 정하죠"라는 대답이 돌
아온 겁니다. 그대로 드라마 대사로도 쓸 수 있을 것 같아
서 말투까지 기억해두었습니다.

한번은 무언가를 열심히 떠올리려 할 때 동료에게 "기
억하지 못한 것은 떠올릴 수 없어"라는 말을 들었습니다.
아프게 정곡을 찌른 말이었지만 마음에 들어서 통째로 몸
속에 담았지요.

많은 사람의 다양한 말을 통째로 암기하면 카피라이터
의 말에도 폭과 깊이, 힘이 실립니다. 말을 먹읍시다!

9

SNS를 업데이트하는
힘이 순식간에 오르는 비법

"인플루언서 정글에서
살아남고 싶습니다."

고민 의뢰인
고윤성(25세)

윤성 씨는 대학 재학 시절부터 블로그에 글을 쓰며 인기를 얻었다. 취직도 생각했지만, 좋아하는 일을 하며 살고 싶다는 생각에 블로거가 되어 생계를 꾸려가자고 결심했다.

하지만 세상은 호락호락하지 않았다. 이미 블로거나 유튜버는 포화 상태. 유명해졌다 하면 사라지는 것도 금방인 세계에서 윤성 씨도 살아남기 위해 필사적이다. 블로

그 구독자 수와 '좋아요'의 숫자에 휘둘리는 매일이다.

　그런 윤성 씨가 두려워하는 것은 소재 고갈이다. 블로거 생활도 6년 차에 접어들자 신선함을 잃었다. 책도 몇 권이나 쓰고 여기저기에 강연도 나가는 저자들은 소재를 어디서, 어떻게 입수하는 걸까? 어떻게 하면 재미있는 소재를 찾을 수 있을까? '영업 비밀'일지도 모르지만 상담을 부탁하는 메일을 써보았다.

한 점을 응시하며
이야기의 소재를 찾자
이야기 소재를 숙성시키는 법

윤성 씨, 메일 감사합니다. 저도 윤성 씨의 블로그를 읽고 있어요. 인스타그램도 자주 봅니다. 얼마 전에는 윤성 씨가 추천한 연필깎이도 샀어요. 정말 힘을 들이지 않아도 잘 깎이더군요. 좋은 물건을 알려줘서 고맙습니다.

고민은 '이야기 소재를 갈고닦는 법'이군요. 저도 매일같이 고심하는 주제입니다. 매일 밤 '내일 글이 안 써지면 어떡하지?'라며 불안해져요. 정답이라 할 만한 것은 없지만, 경험을 통해 확실히 효과가 있다고 느낀 것을 쓰겠습니다.

풍경 안에 녹아들자

마사오카 시키正岡子規라는 일본 메이지 시대의 시인이 있습니다. 시키는 결핵성 척추염에 걸리는데, 엉덩이에서 등에 걸쳐 구멍이 생기고 고름이 흐르는 병입니다. 병마와 싸우며 《병상육척病床六尺》이라는 수필을 죽기 이틀 전까지 썼습니다.

그는 "육척(약 2미터-옮긴이 주)의 병상, 이것이 나의 세계다. 그렇지만 이 세계가 나에겐 너무 넓다"라고 썼습니다. 그에게는 병상에서 보이는 정원의 풍경과 사계절의 변화가 글을 쓰기 위한 소재의 전부였습니다.

시키는 정원을 지그시 바라보며 사계절의 바람과 색채의 변화, 식물의 성장 등을 관찰한 다음, 본 것을 꾸밈없이 말로 바꾸어갔습니다. 움직일 수 없기 때문에 오히려 풍부한 소재를 찾을 수 있었던 것입니다.

같은 일을 저도 경험했습니다. 신장암 수술을 했을 때, 전신에 튜브를 꽂아서 꼼짝도 할 수 없었습니다. 그래도 고개를 옆으로 돌리면 병실 창문 너머로 고등학교 교정이 보였습니다. '학생들이 체육 수업을 받고 있네. 아직 젊은데 모두 나른해 보인다. 건성으로 뛰는 학생, 놀고 있는 학생, 장난치는 무리……' 멀리서 보아도 알 수 있었습니다. '너희들! 운동 제대로 하라고!' 건강한 몸이 부러워서 한마디 하고 싶어지기도 했지요. 이윽고 해가 질 무렵이 되어 학생들의 모습이 사라진 학교를 저는 가만히 바라보았습니다.

그저 그뿐인 일이었지만, 퇴원한 후 제게는 전과 달리 한곳을 응시하는 버릇이 생겼습니다. 풍경 한가운데 자신을 놔둬 보는 겁니다. 그것을 또 다른 내가 조금 떨어진 곳에서 바라봅니다. 아니면 카메라가 달린 드론으로 하늘에서 풍경을 내려다보는 기분을 가져보려 합니다. 자신을 투명하게 만들어 풍경 속에 녹이면 신기할 정도로 다양한 것들이 눈에 들어온답니다.

병마와 싸운 시인에게 배우는 '한 점 관찰법'

이번 조언은 '한곳을 응시하는 것'입니다.

평소에 우리는 보고 있는 것 같으면서도 사실 아무것도 보고 있지 않습니다. 애용하는 펜 한 자루조차도 그림으로 그려보라고 하면 제대로 그릴 수 없을 거예요.

소재가 없는 상태란 결국 소재를 찾아야 한다는 생각이 뇌를 지배해서 눈앞의 풍경, 특별할 것 없는 일상의 변화를 알아차릴 힘이 떨어진 상태가 아닐까요?

바깥 풍경이 보이는 장소를 찾아서 그곳을 나만의 '좁은 침대'로 정합시다. 1시간 동안 그곳에서 움직일 수 없다고 가정하고 오로지 풍경을 바라보는 것입니다. 그동안 스마트폰은 보지 않습니다. 메모도 하지 않습니다. 잡생각이 머리에 떠올라도 신경 쓰지 마세요.

그저 보고, 보고, 보고, 보고, 봅시다.

소재는 '생각하자', '떠올리자' 해서 나오는 것이 아니라 '생각하지 않고' '떠오르지 않는' 것에서 태어납니다. 그저 보고, 듣고, 느끼는 등 오감에 모든 것을 맡기는 시간이 있을 때 비로소 나오는 것입니다.

가만히 하나의 풍경을 바라보세요. 그 안에 반드시 소재가 있습니다.

레슨2

뷰파인더 카메라를 들고
여행을 떠난다

이야기 소재 모으는 법

윤성 씨, 즐겨 찾는 카페에 서 있는 모습을 블로그에서 보았어요. 문장의 호흡이 천천히 가다듬어지기 시작했다는 느낌을 받았습니다.

그런 윤성 씨에게 이번에는 한 점 관찰법과 정반대에 있는 '이야기 소재 모으는 법'을 소개합니다.

이동이 말을 단련한다

이번에 소개할 인물은 17세기 초 일본 에도 시대의 시인 마쓰오 바쇼松尾芭蕉입니다.

고요한 연못
개구리 뛰어들어
물소리 퐁당

이 짧은 시구만 들어도 아무도 없는 고요한 연못에 개구리 한 마리가 퐁당 뛰어들어 연못에 파문을 남기고 사라지는 장면을 떠올릴 수 있을 겁니다.

이 상상이 바로 문제를 푸는 열쇠입니다. 그리고 상상을 손에 넣기 위한 가장 효과적인 방법은 바로 '여행'입니다. 바쇼는 46세 때《오쿠로 가는 길奥の細道》의 소재가 되는 여행길에 나섰습니다. 에도에서 도호쿠, 호쿠리쿠를 거쳐 기후의 오가키까지 이르는 여정이었어요. 거리로 따지면 2,400킬로미터로, 하루에 수십 킬로미터씩 걸었다는 계산이 나오네요. 그래서 그가 닌자라는 낭설까지 생겨났다지요.

인간은 이동하면 뇌가 활성화됩니다. 아기도 기어 다니기 시작해서 눈앞의 풍경이 자꾸 바뀔 때 뇌가 급속히 발달합니다. 눈앞의 풍경이 빠르게 바뀌면 감성이 눈을 뜹니다. 사자성어 중에 주마간화走馬看花, 즉 달리는 말에서 꽃을 본다는 말이 있습니다. 본래는 사물의 겉만 수박 겉핥기로 보는 것을 비유하는 말이지만 같은 꽃이어도 이동 중에 눈에 확 들어온 꽃이라 인상에 남는 게 아닐까요? 대상이 더 아름답고 소중하게 느껴지는 것입니다.

얼마 전, 어느 작가와 식사를 하다가 '매일 꼭 자전거를 탄다'는 이야기를 들었어요. 건강을 위한 것도 있지만, 제방 위를 자전거로 달릴 때 가장 집필 구상이 잘 된다고 하더군요. 부러운 마음에 저도 당장 자전거를 사러 갔지요.

그의 말대로 너른 하늘 아래 바람을 맞으며 이동하니 뇌가 활성화된 것이 느껴졌습니다. '그러고 보니 얼마 전에 그런 일이 있었지' 하는 것도 많이 떠올랐습니다.

대부분의 작업을 매일 컴퓨터와 스마트폰으로 하게 되면서 우리는 눈만 혹사시키는 생활에 길들여졌습니다. 게다가 재택근무나 온라인 수업이 늘어나면서 의자에 묶이는 시간은 더욱 길어졌고요. 이런 환경에서 할 수 있는 여행이라곤 고작해야 검색이나 인터넷 서핑 정도지요. 다른 사람이 쓴 것과 자료를 뒤지다가 끝날 뿐입니다. 하지만 그 상태를 벗어나지 못하면 어디서 본 것 같은 것만 만들어내게 됩니다. 신선한 관점에서 새로운 화제를 제공할 수 없어지는 것입니다.

마음의 촉매가 SNS나 위키피디아에서 읽은 정보뿐이라면 너무도 불충분합니다. 다른 사람을 움직이는 말을 만들기 위해서는 더욱 과감한 각오가 필요할 것입니다.

여행자 시인에게 배우는 '카메라 관찰법'

그렇다면 밖으로 나갈 때 손에 무엇을 챙기면 좋을까요? 이번에 하고 싶은 조언은 뷰파인더가 달린 'SLR일안 반사식 카메라를 들고 여행을 떠나자'입니다.

'카메라는 스마트폰으로 충분하잖아. 화질도 좋고 편집하기도 편하니까'라고 생각할지도 모르지만 그렇지 않아요. 사진을 남기는 것만이 목적은 아니기 때문입니다.

SLR 카메라는 인터넷에 올릴 글에 넣을 소재를 찍는 것이 아니라, 자신의 '관심사'에 확실히 초점을 두기 위해 가지고 다니는 것입니다. 거리로 나가서 카메라를 듭시다. 수동으로 초점을 맞추고자 하면 대상을 하나로 좁혀야 합니다.

어떤 인물에게 초점을 맞추면 다른 것은 흐려집니다. 다른 것으로 초점을 옮기면, 같은 장소인데도 완전히 다른 풍경이 뷰파인더 안에서 펼쳐집니다. 이를 반복하는 사이 '추려내는 힘'이 자신의 내면에 싹트게 됩니다. 말을 타고 달리면서 어떤 꽃에 초점을 맞출 것인가를 재빨리 고르는 힘이 생기는 것이지요.

사람의 감수성은 '무언가를 고르며' 새로워집니다. 고르고 버리는 행위를 통해 현재 상태를 타파하고 매너리즘에서 빠져나올 수 있습니다.

저 역시 오랜 기간 매너리즘에 빠져 있었습니다. 어디서 본 것 같은 글밖에 쓸 수 없었지요. 그럴 때, 아는 치과 의사가 카메라로 촬영한 밤 벚꽃 사진을 보게 되었습니다. 들어 보니 근처 공원에서 찍었다고 하더군요. 한 장의 사진 안에 그만의 심미안과 벚꽃의 이야기가 담겨 있었습니다. 그것만으로도 충분히 에세이를 쓸 수 있을 것 같았습니다. 다음 날 바로 카메라를 샀습니다. 자, 지금 카메라를 들고 나가면 어떨까요?

1행 1문단을 만들어본다

인용구를 소재로 만드는 법

윤성 씨, 메일 감사합니다. 멋진 SLR 카메라를 가지고 계셨군요. '카메라 산책'이 취미인 줄 몰랐습니다. 얼마 전 블로그에 올라온 동네 서점 사진, 참 좋았어요. 아늑한 동네에서 지내는 생활이 생생히 전해졌습니다.

자, 이번에는 관찰법에서 벗어나 책이나 잡지에서 얻은 지식, 즉 '인용문'을 소재로 바꾸는 법에 관해 조언하겠습니다.

인용문을 자신의 말로 바꾼다

학생 시절부터 책을 읽다가 마음에 드는 문장을 만나면 노트에 옮겨 적곤 했습니다. 노트가 근처에 없을 때는 책의 여백 부분에 썼습니다. 줄을 긋고 접착 메모지를 붙일 뿐만 아니라 문장을 '씀'으로써 몸이 기억하게 만들고 싶었기 때문이에요.

하지만 많은 자료가 종이에서 디지털 매체로 옮겨가며 간단히 복사하고 붙이기가 가능해졌습니다. 전자책을 아이패드로 읽다가 인용하고 싶은 부분을 복사해서 붙이면 그만이죠. 게다가 좋은 글귀나 센스 있는 문장은 검색으로 쉽게 찾을 수 있으니 언젠가부터 굳이 공책에 옮겨 쓸 필요가 없다는 생각이 들기 시작했습니다. 하지만 공책에 적기를 그만둔 것은 큰 실수였습니다.

이거나 저거나 '검색하면 다 나온다'라고 생각한 순간, 뇌는 단숨에 게을러집니다. 퇴화하는 것입니다. 뇌는 편하게 해주면 적당히 쉬다가 다시 일하는 법을 모르는 모양인지, 스마트폰에 저장한 단어가 많아질수록 일상에서 잘 쓰지 않는 말은 모두 몸에서 떨어져 나가는 것 같았습니다. 말을 생업으로 삼는 사람에게는 위험신호였지요.

그래서 생각한 것이 '1행 1문단'이라는 방법입니다.

일본의 전통 인형극 작가인 지카마쓰 몬자에몬近松門左衛門은 "사람의 입에는 문을 세울 수 없다"라고 썼습니다. 이 말에 감명을 받아서 노트에 적습니다. 하지만 그렇다고 머리에 들어올까요? 베껴 쓴 것에 만족하고 끝인 것은 아닐까요? 정말 기억에 남기고 싶다면 이 명언을 나만의 언어로 다시 써봐야 합니다.

예를 들어 '한번 내뱉은 말은 반드시 퍼진다'라고 바꿔봅시다. 평소에 쓰기 편한 말로 바꾸었더니 다양한 상황에서 쓸 수 있는 말이 되었네요.

짧은 문단으로 내 것 만들기

이것으로 그쳐서는 안 됩니다. 더욱 '소재화' 할 필요가 있지요. 저라면 '한번 내뱉은 말은 반드시 퍼진다' 아래 짧은 문단을 덧붙일 것입니다.

'한번 내뱉은 말은 반드시 퍼진다'

지난밤에 동료와 술을 마셨다. 그러다가 상사의 흉을 보게 되었고, 나는 그만 "그 자식 겉멋만 부리고 말이야"라고 말하고 말았다. 다음 날 아침 회사에 갔더니 옆자리 팀원이 "네 말이 맞아. 그 자식은 뇌도 없으면서 겉멋만 부리는 놈이야"라고 말했다. ……벌써 퍼졌다! 게다가 '뇌가 없다'는 꼬리까지 붙었다! 한번 내뱉은 말은 반드시 퍼진다. 게다가 원래 말보다 부풀어져서.

이런 문장을 만들어서 저장합니다.

글귀나 잠언을 그저 베껴 쓰는 것이 아니라 자기의 말로 고치고, 나아가서는 한 문단을 작성합니다. 훌륭한 글일 필요는 없습니다. '한번 내뱉은 말은 반드시 퍼진다'의 경우 '중학교 2학년 때 짝꿍을 좋아한다고 했다가 반 전체에 퍼진 적이 있다'로도 충분합니다.

'교만한 자는 오래가지 못한다'라는 글귀가 마음에 들었다면 '우쭐거리다가는 반드시 대가를 치른다'처럼 자기 색을 덧칠한 말로 바꿔 쓸 수 있습니다. 거기에 더해 예로 삼을 만한 실패담이나 에피소드가 있다면 덧붙여 메모하면 좋습니다.

다른 사람의 말을 자기 것이 될 때까지 곱씹어 봅시다.

이렇게 하면서 사람을 움직이는 자기만의 언어가 완성됩니다. 인용문을 머리부터 꼬리까지 남김없이 활용합시다.

이해부터 표현까지
한 번에 꿰는 독서술

　책 읽기를 본격적으로 좋아하게 된 것은 고등학생 때였다. 친척 집에서 도스토예프스키Dostoevsky의 《죄와 벌》을 만화판으로 읽고 대략적인 내용을 알게 되니 만화가 아니어도 읽을 수 있을 것 같았다. 그래서 원작 소설을 샀다. 고풍스럽고 어려운 문장에 몇 번이고 좌절했지만 만화 덕분에 줄거리는 알고 있었다. '전체적으로 내가 지금 어디까지 왔는가'를 알고 있으면 금세 다시 그 세계로 돌아갈 수 있다. 결국 반년이 걸려서 《죄와 벌》을 완독할 수 있었다.

이 경험에서 자신감을 얻었다. 동시에 내용이 쉬운 것부터 읽으면 된다는 독서법도 터득했다. 이후로 알고 싶은 것이 생기면 망설임 없이 어린이용 책부터 찾는다. 처음부터 원문에 도전하지 않는다. 만화도 좋고, 어린이용 도감도 상관없다. 나는 무지하며 이해 속도가 느리다는 것을 솔직하게 인정하고, 가벼운 책에서 시작해 전문서적으로 서서히 수준을 높여가는 것이 내 독서법이다.

이 방법에는 또 다른 효과가 있다. 아무리 어려운 내용이어도 초등학생이 알아들을 수 있는 말로 설명할 수 있게 되었다. 전문 서적만 읽어서는 손에 넣을 수 없는, 누구나 알기 쉽게 전달할 수 있는 힘이 길러진다. 이런 독서법이 어린이부터 노인까지 이해할 수 있는 연설문을 만드는 힘이 되었다.

○ 책갈피 대신 B6 카드

책은 살 수 있는 한도까지 내 돈을 내서 산다. 내게 책은 수첩 같은 것이다. 공백에 내용과는 아무 관련 없는 메모를 쓰기도 한다. 마음에 드는 말이 나오면 페이지 위의 남는 자리에 그 문장을 쓰며 암기한다. 좋은 말은 외운다.

표현이 다소 달라지더라도 기억하려고 한다. 나태한 뇌를 늘 긴장시키면 졸리지 않는다.

책의 여백으로는 충분치 않아 책갈피 대신 B6125×176밀리미터 크기의 종이 카드를 꽂아두고 부족해지면 추가한다. 책은 능동적으로 읽어야 한다. 나중에 팔 생각으로 깨끗하게 읽는 것은 오락용 책으로 충분하다. 언젠가 책을 다시 읽을 때 마지막 페이지에 끼워둔 종이 카드가 도움이 될 것이다. 처음 읽었을 때의 잘못된 해석이나 의문점을 알게 되기 때문에 지금과 당시의 생각을 비교할 수 있다.

⟨⟩ 몇 권을 읽었는지는 중요하지 않다

'일 년에 책을 몇 권이나 읽나요?'라는 질문을 자주 받는다. 하지만 수로 경쟁하는 것은 의미가 없다. 나는 일반적인 두께의 책 10~15권 정도를 읽지만 최종적으로 기억에 남는 것은 잘해야 한두 개다. 그래도 충분하다. 심지어 재미없는 책은 도중에 그만 읽어도 된다. 읽은 책의 수보다, 마음에 들어서 암기한 말을 얼마나 내 것으로 변주하여 사용하고 있는가가 중요하지 않을까? '읽었다'는 사실보다 '읽은 책을 활용했다'는 실질적인 경험에 눈을 돌려야 한다.

최근에 침대를 바꾸었다. 등 부분을 자동으로 올릴 수 있는 제품이라 밤에는 스마트폰을 거실에 두고 책과 펜만 들고서 침대 속으로 들어간다. 최근에는 쉽게 쓰인 철학책에 빠졌다. 데구치 하루아키出口治明의 《철학과 종교의 세계사》, 야무챠飲茶의 《사상 최강의 철학 입문》, 오카모토 유이치로岡本裕一朗의 《정답 없는 세계를 마주하는 철학 강좌答えのない世界に立ち向かう哲学講座》 등을 읽고 있다.

요즘은 어렵다며 멀리하기 쉬운 '철학'을 쉽게 해설한 책이 많다. 이런 것을 읽어 두면 대학생과 젊은 사회인들이 고민을 털어놓거나 상담을 요청했을 때 분명 도움이 될 것이다.

또, 뒤늦게 쓰지무라 미즈키辻村深月의 《거울 속 외딴성》도 읽었다. 내가 심사위원을 맡고 있는 초등학생 독서감상대회에서 큰 인기를 끈 책이다. 아이들이 왜 이 책에 열광하는지 알고 싶어서 읽었다.

유행하는 비즈니스 관련 서적보다 다음 세대들이 지지하는 책 속에 미래를 전망할 열쇠가 있다고 믿는다. 머리가 굳지 않길 바라는 마음에서 중고등학생이 좋아하는 책

은 되도록 읽으려고 한다. 침대가 편안한 바람에 금방 잠
기운이 몰려오지만 말이다.

10

말이 술술 나오게 되는
최단 코스

"말수가 적어서
손해를 봅니다."

고민 의뢰인
오현우(32세)

학창 시절 현우 씨는 말수가 없다는 이유로 '침묵이'라고 불리며 놀림 받았다. 되받아쳐 주고 싶었지만 말이 나오지 않았다. 대학은 도면만 그리면 될 거라는 생각에 건축학과를 골랐다. 하지만 그곳에서도 발표가 힘들어서 결국 좋은 성적을 따지 못한 채 디자인 사무소에 입사했다.

아니나 다를까 상사한테 "입을 다물고 있으니 알 수가 없어"라는 말을 들었고, 거래처에서는 "제대로 설명할 수

있는 사람을 담당으로 해달라"고 불평을 듣기에 이르렀
다. 어디를 가도 '과묵함'에는 혹독한 처우가 기다리고 있
었다.

지금 세상은 자기표현의 시대이다. 현우 씨의 입장에서
보면 그다지 실력도 없는 사람이 말을 잘해서 큰돈을 번
다. 다른 사람의 의견을 베껴서 자기 것처럼 파는 유튜버
를 볼 때마다 화가 나기도 하고 부럽기도 하다. 어떻게 하
면 입이 무거운 현우 씨 같은 사람도 다른 사람 앞에서 이
야기를 잘하게 될까?

목소리로 그 자리를 지배하라

'과묵함'에서 벗어나기 위한 비결

현우 씨, 편지 고맙습니다. 별명이 '침묵이'였단 것이 믿기지 않을 정도로 사연이 잘 표현된 편지였어요. 쓰는 힘이 있으니까 말도 잘할 수 있을 거예요. 함께 '침묵에서 벗어나는 방법'을 생각해봅시다.

생각한 것을 자꾸 소리로 내자

말하는 것이 익숙하지 않을 땐 당장 사람들 앞에서 말

하기보다 우선 '소리 내는 것'부터가 중요합니다.

독립해서 혼자 살기 시작했을 때 일입니다. 연고가 없는 동네라 누구 하나 이야기를 나눌 사람이 없어 계속 입을 다물고 지냈습니다. 사람이란 이상하게도 한번 말문을 닫으면 점점 입이 무거워지는 모양이에요. 하루 동안 아무 소리도 내지 않는 일이 많아졌습니다.

그러던 어느 날, 오랜만에 국수집에 가서 튀김 국수를 주문하려고 하다가 제 목소리를 듣고 혼자 놀랐습니다. '어? 내 목소리가 이랬나?' 싶을 정도로 낯설었던 것이죠.

타인과의 소통을 생각하기 전에 우선 떠오른 것을 소리 내어 말하는 습관을 들입시다.

권하고 싶은 방법은 '큰 목소리로 혼잣말을 하는 것'입니다. 바보 같다고 생각하지 말고, 한번 시도해보세요.

예를 들어 샤워를 하다가도 "와, 기분 좋다!" 하고 소리 내 말합니다. 밥을 먹으면서 "맛있네"라거나 "소금이 좀 많이 들어갔군" 하고 말해봅니다. 책을 읽으면서 "무슨 소리인지 모르겠네" 하고 투덜거리거나 "아하, 그랬구나!" 하고 말하세요.

'줌'은 화상회의용 툴로 널리 알려져 있지만, 그 안에는 문자를 이용한 '채팅' 기능도 있지요. 이 기능을 사용해 강의하면 평소에는 말을 잘 안 하던 학생도 다른 사람의 눈을 신경 쓰지 않고 글을 올리더군요. 제가 말하는 '혼잣말'이란 이 채팅 기능 같은 것이에요.

일상생활 속에 '혼잣말 채팅'을 한다고 생각하고 그 기회를 늘려봅시다.

인사를 통해 관계를 바꾼다

'혼잣말 채팅'으로 일단 '침묵'에서 벗어나는 데 성공했다면 이제는 대인 커뮤니케이션 단계입니다. 걱정할 필요 없어요. 기본 중의 기본부터 시작할 거니까요.

바로 '인사하기'라는 매우 간단한 방법입니다.

일본어로 인사는 '아이사쓰挨拶'라고 합니다. 한자를 보면 '挨밀칠 애'와 '拶짓누를 찰'에는 모두 '밀다'라는 의미가 들어 있습니다. "좋은 아침입니다!" 하고 인사하는 것은 그 자리의 공기를 밀어내는 일입니다. 목소리로 그 자리를 지배하는 행위인 겁니다.

목소리의 힘으로 장소를 지배할 수 있습니다. 그래서

야구부나 축구부도 연습할 때 계속 목소리를 높입니다. 응원단은 목소리로 상대를 제압합니다. 유도나 검도계의 인사말인 '오쓰'가 '밀어냄을 견딘다押忍'라는 뜻을 지닌 것도 상징적입니다. 상대방의 목소리를 견디며 버틴다는 뜻입니다.

인사는 예의를 차리기 위한 것만은 아닙니다. 그 자리의 공기를 지배하기 위한 것이기도 하지요.

현우 씨는 큰 목소리로 인사하는 사람은 아닐 겁니다. 하지만 그러다간 시작부터 상대가 지배하는 공기 속에서 토론하거나 협상하는 결과가 될 수 있습니다. 이러면 점점 더 '침묵'에서 헤어나기 어려워집니다.

'혼잣말 채팅'의 연장으로 우선 아침에 일어나면 "잘 잤다!" 하고 소리 내 말해보세요.

선을 수행하는 스님 중에는 눈뜨자마자 바로 "어이, 주인공!" 하고 외치는 사람도 있다고 해요. '도처작주隨所作主', 즉 어디에 있든 내가 주인공임을 소리 내어 확인하는 것입니다. 침묵을 깨는 방법으로 따라 해도 좋을 거예요.

마지막으로 편의점 점원에게 "고맙습니다" 하고 인사해봅시다. 목소리가 쌓이면 무거운 입도 점점 가벼워집니다.

'보이는 나'에서 '보는 나'로
사람 앞에서 말하는 것이 편해지는 방법

　현우 씨, 편지 감사합니다. "편의점에서 '감사합니다' 하고 인사했더니 점원이 생긋 웃어주셔서 기뻤습니다"라는 말을 읽고 저도 기분이 좋았습니다. '인사'는 인류가 몇 천 년에 걸쳐 갈고 닦은 커뮤니케이션의 결정체예요. 안 쓰고 두기는 아깝지요.

　다음으로 '타인의 시선을 두려워하지 않는 방법'을 답하겠습니다.

모르는 사람 앞에서는 다른 인격이 되자

'사람들 앞에서 말을 잘하고 싶다'고 할 때, '사람들'이 누구를 의미하는지 한번 생각해보세요.

정말 어려운 것은 상사나 동료, 거래처 등 나를 잘 알고 있는 사람 앞에서 이야기하는 일이 아닌가요? '하고 싶은 말이 있으면 똑바로 말하라고 부장님한테 혼날 것 같아', '무슨 말인지 모르겠다고 부하 직원이 우습게 생각할 것 같아' 같은 생각을 하느라 말문이 막히는 것은 아닐까요?

하지만 잘 생각해봅시다. 부장의 '똑바로 말하라'는 말도, 부하직원의 '잘 모르겠다'는 말도 나의 상상에 불과합니다. '~라고 하면 어떻게 하지?'라고 미리 걱정하는 것뿐입니다.

즉 타인의 입장에 서서 나에 대한 평가를 상상하고 두려워하고 있는 셈이지요.

잘 아는 사람을 상대할 때, 섬세한 성격의 소유자는 '저 사람은 이런 나쁜 평가를 내릴 것이다'라고 상상하고 지레 겁먹는 경향이 있습니다. 이를 극복하려면 모르는 사람이 모이는 곳에 가야 합니다.

취미 동아리든, 스터디 그룹이든, 세미나든 다 괜찮아요. 아는 사람이 없는 장소로 가서 평소와는 다른 자신을 연기해보세요.

그때, 늘 입는 것보다 화려한 차림을 하거나 안경을 쓰는 등 평소와는 다른 모습으로 가는 것도 중요합니다.

영화배우처럼 '유능하게 말하는 나'를 연기하는 기분에 빠져봅시다. 그러면 평소에 자신을 괴롭히던 '이런 말을 들으면 어떻게 하지'라는 기분에서도 벗어날 수 있습니다.

상대는 모르는 사람이니까 어떻게 보이든, 무슨 말을 듣게 되든 크게 신경 쓸 필요 없잖아요. 이런 마음으로 사람들 안으로 들어가면 '뭐야, 다들 별거 없군', '꽤 괜찮은 사람 같은데?'처럼 자신의 눈으로 주위를 평가할 수도 있게 된답니다.

'누가 날 보면 어떡하지?'에서 '보는 건 나다'로

'이렇게 생각하면 어떻게 하지?'가 아니라 '이런 식으로 보이겠다', '이렇게 행동하겠다'라는 마음을 가지세요. '남이 나를 어떻게 볼까?'가 아니라 '내가 먼저 봐주겠다'로 마음가짐을 바꾸는 데 중점을 두세요. 이것이 이번에 전하고 싶은 핵심입니다.

이런 경험을 거듭한 뒤 회사로 돌아가면 '이렇게 보이면 어떻게 할까?'가 아니라 '내가 먼저 봐주겠다'는 마음으로 회의에 참석할 수 있게 됩니다. 움찔거리며 눈을 내리깔고 있던 자신에게서 해방되었음을 깨닫게 될 것입니다.

'혼나면 어떻게 하지?'가 아니라 '화내는 모습을 봐주겠다' 생각하고 회의에 임하면, 신기할 정도로 상사든 부하직원이든 거래처든 그다지 무섭지 않습니다. '보는 것은 나'라고 생각하세요. 그러면 상대가 오히려 '이렇게 보이면 어떻게 하지?'라고 생각하게 됩니다.

입장 하나 바꾸는 것만으로 성공이 눈앞에 있습니다. 무엇 하나 무서워할 것 없어지고 '내 이야기를 들려주겠다'는 생각으로 점점 바뀔 것입니다.

그게 뭐든, 내가 보고 평가해주겠다고 생각하세요!

접속사를 아낌없이 사용하자

말을 잘하기 위한 '틀'

현우 씨, 편지 감사합니다. 바로 '문구 동호회'에 가보셨다고요. 돌아오는 길에 처음 만난 사람과 고기를 구워 먹으며 즐거운 시간을 보냈다니 참 잘 됐어요.

현우 씨는 '침묵'하는 사람이 아니에요. 침묵하는 면도 있지만 상황이 바뀌면 말수도 늘어나고 즐겁게 이야기할 수 있는 사람이지요. 자신에게 '말 못하는 사람'이라는 꼬리표를 붙일 필요는 조금도 없습니다.

이번에는 '단답형이 아니라 문장으로 말하고 싶다'는

주제의 레슨이에요. 말을 잘 못하는 사람은 "졸리다"는 말은 할 수 있어도 "어제 야근해서 오늘은 하루 종일 졸려"라고 정보를 담은 문장으로 말하기 어렵습니다. 단어만 중얼거려서는 침묵과 별반 다르지 않을 거예요. 오늘은 그 부분에 대해 조언하겠습니다.

일부러 접속사를 집어넣는다

이번에 전하고 싶은 말은 이야기할 때 '접속사'를 풍부하게 사용하자는 것입니다. 말솜씨를 개선할 수 있는 대단히 효과적인 방법입니다.

처음에 예로 든 '졸리다'를 사용해 생각해보겠습니다.

'졸리다'와 함께 이런 단어도 머리에 떠오릅니다. '수면 부족', '나른하다', '지겹다', '퇴근하고 싶다'. 접속사를 사용해 이 단어들로 문장으로 만들어봅시다.

졸리다. **(왜냐하면)** 오늘은 잠이 부족했기 때문이다. **(그리고)** 몸이 나른하다. **(그래서)** 일이 지겹다. **(하지만)** 아직 퇴근할 수 없다.

입에서 흘러나온 단어를 모아 사고의 흐름에 따라 재배열합니다. 그 사이사이에 연결고리가 되는 '접속사'를 넣으면 논리가 생깁니다.

쓰다 보면 단어 하나로는 부족하니까 '오늘은', '몸이', '일이', '퇴근을' 같은 말을 보충하고 싶어지죠? 이는 말주변이 없는 사람에게 유효할 뿐 아니라 스피치라이터가 정치인이나 기업 대표의 연설을 쓸 때도 사용하는 방법입니다.

'그리고', '하지만', '왜냐하면', '그러니까', '또', '특히', '예를 들어', '말하자면' 같은 연결 고리가 되는 말을 넣어서 원고를 작성하면 이야기가 풍부한 생기를 띠게 됩니다.

접속사가 재밌는 이야기를 끌어낸다

어린이들의 작문을 첨삭하다 보면 접속하는 말을 알아갈수록 작문력이 높아지는 것이 눈에 보입니다.

'역시'라는 말을 배우면, "여행에서 돌아왔다. (역시) 우리 집이 최고다"처럼 이것저것 해보았지만 원래 있던 장소가 제일이라는 원점회귀의 기분을 표현할 수 있게 됩니다.

'하지만'을 알게 되면, "점심시간이 되었다. (하지만) 먹을 수 없었다. 젓가락이 안 들어 있었다!" 같은 극적인 전개도 가능해집니다. 접속사를 자유자재로 쓸 수 있게 되면 이야기도 급속도로 재미있어지는 것입니다.

물론 너무 많이 넣으면 유치한 느낌을 주니 필요하지 않으면 빼도록 합시다.

"나는 '침묵이'라고 불려 왔다. **(그리고)** 모두 나를 우습게 생각했다. **(하지만)** 이제부터 변하려고 한다. **(왜냐하면)** 좋아하는 사람이 생겼으니까."

이 문장에서는 접속사를 빼면 훨씬 읽기 편해질 거예요. 접속사를 의식하면 단어와 단어가 연결되고, 문장으로 말할 수 있게 됩니다. 생각도 논리적으로 할 수 있게 되고요. 꼭 한번 시도해보길 바랍니다.

11

상대방의 기분을 해치지 않는 반론법

"반박하다 상대방과 감정 상하는 일은 이제 피하고 싶어요."

고민 의뢰인
송지우(41세)

자동차 회사에서 설계 디자인을 담당하고 있는 지우 씨는 상사와 사사건건 부딪친다.

상사는 설계자로서 존경할 만한 면도 있지만, 과거의 성공에 너무 사로잡혀 있다. 그런 생각에 반론을 하면 마치 기다렸다는 듯 자기만의 논리를 늘어놔서 지우 씨는 도저히 당해낼 수 없다. 잠이 오지 않을 정도로 짜증이 치솟는다.

"저도 오기가 생겨서 상대방이 싫어할 만한 말을 하고 맙니다. 사실은 대학생 시절부터 정면으로 반박하는 일이 많았던 바람에 손해를 많이 봤습니다. 이제 사회인이니 기분을 해치지 않고서 효율적으로 반론하는 법을 익히고 싶어요."

머리가 굳은 사람, 고집스럽게 자기 의견을 펼치는 사람, 다른 이의 말을 듣지 않는 사람의 마음을 움직여서 의견을 매끄럽게 전개하는 기술이 있을까?

'의견 충돌'을 피하지 말자

능숙하게 반론하는 기술

지우 씨, 편지 감사합니다. '멋지게 반론하는 법'을 알고 싶으시군요. 이해했습니다. 제 의견을 한번 써보겠습니다. '반론'이 있으면 언제든 말해주세요.

사람들은 대체적으로 반론하기를 거북해합니다. '여기서 반박하면 분위기가 나빠지겠지'라는 생각에 좀처럼 반대 의견을 말하지 못해요. 저는 그 원인 중 하나가 '반론' 이라는 단어에 있다고 생각합니다.

협조 반론을 통해 활기 넘치는 토론을

'반론'을 사전에서 찾아보면 '상대의 의견에 반대하여 말함'이라고 나옵니다. 즉, '반대'하고 있다는 것이 전제인 것입니다.

누가 무슨 말을 하면 반대하고, 다시 누가 무슨 말을 하면 반대하기를 반복한다면 토론은 성립하지 않겠지요. 이럴 때 '반론'이라는 말 대신 '의견을 맞부딪치다'라는 표현을 써봅시다.

· "당신의 의견에 **반론합니다.**"
· "당신의 의견에 **제 의견을 맞부딪쳐 보겠습니다.**"

어감이 상당히 달라질 겁니다. 이렇게 '의견을 서로 부딪치게 하는 것'을 전문용어로 '협조 반론'이라고 합니다. 의견과 의견이 서로 부딪칠 때 더 넓은 관점에서 타협점을 찾을 가능성이 높습니다.

그리스를 방문했을 때 일입니다. 남자들이 대낮부터 카페에 모여서 싸울 기세로 이야기를 하고 있었습니다. 제

눈에는 일촉즉발의 상황으로 보였는데, 그리스 사람이 "지금 토론하고 있는 거야"라고 알려줘서 깜짝 놀랐습니다. 남자들은 고대 그리스 철학자처럼 논쟁하고 있던 것입니다. 곧 싸울 것처럼 보였지만 사실은 친한 사이였고 말입니다. '협조 반론'을 통한 응수는 활기가 넘치고 즐거워 보였습니다.

중요한 것은 상대를 이기는 것이 아니라 더 좋은 결론을 이끌어내는 것입니다. 그러니 '반론'이 아니라 '의견의 맞부딪침'을 해야 합니다. 이 사고방식을 명심합시다.

돌파의 계기는 "그렇군요"

그렇다면 '의견의 맞부딪침'을 할 때 중요한 것은 무엇일까요? 중립적인 입장을 지키는 것입니다.

사람들은 이야기할 때 보통 자신의 입장이나 자신이 처한 상황에 기반해서 말하는 경향이 있습니다. 토론을 통해 새로운 것을 만들어나가려 할 때는 이런 태도가 진행을 방해합니다. 중립적인 입장에서 새로운 데이터와 사실을 허심탄회하게 읽으세요. 그 결과를 가지고 '지금 이 순간에 나는 무엇이 옳다고 할 것인가?'를 생각해 타인의 의견에 내 의견을 맞부딪칩니다. 이것이 창조적인 토론입니다.

그러기 위해서는 "그렇군요. 하지만"이라는 말을 기억하면 좋습니다. 상대가 반론하면, "그렇군요"라고 말하며 일단 상대가 한 말을 받아들입니다. 그런 다음 그 의견에 대해 납득할 수 없는 점을 지적하고 자신의 의견을 말하는 것입니다.

유명한 'Yes—But의 법칙'이지요. 이미 알고 있는 사람이라면 '아, Yes—But의 법칙을 쓰고 있구나'라고 간파당할 수도 있어요. 그런 때를 대비해 "하지만" 부분을 "이해가 안 되는 것은"이나 "그 점에 대해 생각했는데"처럼 역접이 아닌 말로 바꿔보세요. '하지만But'이라는 명백히 부정을 의미하는 말 대신 '그 점에 대해서 말하자면And'처럼 보이게 해서 자기 의견을 주장하는 방법입니다.

말을 잘하는 사람은 상대에게 부정적인 의견을 전개할 때 쓸 수 있는 어휘를 풍부하게 가지고 있습니다. 그런 말들을 기억해둡시다.

논파하고 싶을 때는
넘어뜨리자

지지 않기 위한 기술

지우 씨, 상사에게 '의견을 맞부딪치기'는 통하지 않았다고요. 협조 반론을 하려 해도 상대방이 받아주지 않고 자기 이야기만 하면 의미가 없지요. 그렇다면 오늘은 '상대의 기세를 제압하는 방법'을 가르쳐 드리겠습니다.

만만치 않은 상대를 제압하기 위한 비법 5가지

① 질문한다

상대에게 계속 질문해서 말을 하게 만드세요. 아무리 머리가 좋은 사람이라도 말을 많이 하면 모순을 드러내기 마련입니다. 그것을 놓치지 말고 다시 질문하세요. 말하는 본인도 사실은 앞뒤가 안 맞는 말을 하고 있다고 느끼고 있습니다. 말을 하게 만들어서 스스로 모순을 깨닫게 합시다. 그러면 상대 역시 무턱대고 말하지 않게 될 것입니다.

② 리듬을 무너뜨린다

상대방과 같은 박자로 말하면 상대는 아주 편안해합니다. 예를 들어 지방 사투리로 말싸움을 할 때는, 서로가 같은 박자, 음량, 쉬는 타이밍을 공유하며 말하기 때문에 대화가 리듬을 띠며 유쾌한 느낌마저 듭니다. 실제 토론에서는 그렇게 되면 안 됩니다. '반론'하는 이상 상대의 페이스를 제어해야 하지요. 상대의 리듬에 끌려가서는 안 되는 것입니다. '천천히 말하기'를 명심하세요. 충분히 뜸을 들이며 '나는 생각하며 말을 고르고 있다'는 태도를 취합시다.

③ 내 편을 늘린다

상대의 의견을 제압하려면 많은 사람, 많은 데이터를 내 편으로 삼아야 합니다. 마음속에서 '이것은 나 혼자만의 의견이 아니다'라고 되뇌이며 자신의 의견을 다지세요.

예를 들어 "회사는 이미 B 방향으로 결정했는데 왜 이제 와서 불만을 제기하나?"라는 상사에게 '이건 나 혼자만의 의견이 아니다'라고 속으로 되새긴 후 "제가 아는 한 A 부장이나 D 부장도 아직 반대하고 있습니다. 다른 직원들도 70퍼센트 가까이 반대합니다"라는 객관적인 데이터나 정보로 반론해보세요.

자신의 생각만이 아니라 다른 사람의 의견이나 정보를 수집해서 말하면 상대도 형세가 그다지 좋지 않음을 느낄 것입니다.

④ 의견을 받아들였을 경우의 이점을 말한다

상대를 몰아세우면 개인적인 원한을 살 수도 있지요. 그런 결과를 피하기 위해 이쪽의 의견을 받아들였을 경우의 이점을 이야기합니다.

조금 전의 예로 들면 "A 방향으로 돌아가면 인원 확보가 용이해집니다. A 부장, D 부장도 찬성할 것이고, 지금 결단을 내리시면 저희도 바로 움직일 수 있습니다"라고 해서 상대가 '자신이 결단을 내렸다'고 생각하게 만드는 것도 잊지 맙시다.

기세를 무너뜨리고 이야기의 내용물만 본다

이상을 정리하면 다음과 같습니다.

① 질문해서 상대가 더 말하게 한다. 그 안에서 모순점을 발견한다.
② 상대의 리듬을 무너뜨리고 기세를 제압한다.
③ '이것은 나 혼자만의 의견이 아니다'라는 자세를 취한다.
④ 의견을 받아들였을 때의 이점을 전하고, 상대에게 공을 돌린다.

말에도 '기세'가 있습니다. 자기 주장을 관철하려는 사람은 타인의 의견이 끼어들 틈을 내주지 않으려고 일부러 어투를 강하게 합니다. 말이 지닌 압력을 높여서 우위를 차지하려는 것이죠. 여기에 휩쓸려서는 안 됩니다.

위에서 말한 기술을 구사하여 계속 말하려는 상대의 폭

주를 저지하고, 그 말의 내용물에만 집중하세요. 내용만 보면 늘 하던 이야기의 반복이라거나 근거가 충실하지 않다는 것을 명확히 알 수 있어요.

'만만치 않은 상대', '감당하기 쉽지 않은 사람'으로 보이는 것도 비즈니스 세계에서는 필요합니다. 강하게, 강하게, 강하게! 이 점도 잊지 말아주세요.

'배우자!'라고 외칠 수 있다면

반론 당했을 때의 대처법

지우 씨, 상대의 리듬을 무너뜨리고, '나 혼자만의 의견이 아니다'라는 태도로 상대를 대하는 시도를 해보셨군요. 상사가 '요즘 송지우 씨가 만만치 않아졌단 말이야'라고 생각하게 만들었다면 대성공입니다. 계속 노력하시길 바랍니다.

오늘은 '내가 반론 당했을 때 반격하는 법'이라는 주제입니다. 반론에는 어떻게 대처하는 게 가장 좋을까요?

'초조함'을 없애는 단 하나의 방법

누구나 반박당하면 울컥합니다. 저도 마찬가지예요. 설령 옳은 의견이라 해도 순순히 받아들이기 어려운 것이 인지상정이지요. 그러면 어떻게 해야 할까요? 여기서 소개하고 싶은 책의 한 구절이 있습니다. 무라카미 하루키의 데뷔작인 《바람의 노래를 들어라》에 나오는 문장입니다.

"모든 것으로부터 무언가 배우려는 자세를 유지하는 한, 나이를 먹고 늙어간다는 게 그리 크게 고통스러운 일은 아니다."

대학교 1학년 때 이 문장을 읽고 충격을 받았습니다. '내가 싫어하는 일이어도, 듣기 싫은 것이어도, 속거나 오해받는 일이 있어도, 모든 것으로부터 뭔가를 배울 수 있다'고 생각하게 된 순간, 대학 생활뿐 아니라 인생이 바뀌었습니다.

그 후에도 몇 번씩 울화가 치미는 일이 있었어요. 아무렇지 않게 마음에 상처를 주는 사람도 있었고, 뒤통수가 얼얼할 정도의 배신도 있었죠. 그럴 때마다 '무슨 일에든 배움이 있다'고 스스로를 타일렀습니다.

반박을 당했을 때 가장 중요한 것은 마음속에서 끓어오르는 부정적인 감정을 조절하는 것입니다. 여기서 조언을 드립니다. 반박당했을 때 '배우자!'라는 말을 마음속에서 외치세요. 그러면 감정을 동요시키는 소리도 잦아듭니다.

이럴 때 큰 가치 없는 자존심은 도움 되지 않습니다.

나의 언어로 상대의 의견을 정리한다

이제 반론에 어떻게 대답할지 생각해봅시다.

우선은 냉정하게 상대의 의견을 나름대로 음미하고 이해합니다. 그런 다음 "이해했습니다. 지금 당신이 말한 것은 이런 내용이군요"라고 상대의 의견을 정리합니다. 마음속으로 중얼거리는 것이 아니라 제대로 목소리를 내서 상대에게 들려주는 것이 중요해요.

사람은 자신의 말이 정돈된 형태로 돌아오면 긍정적인 태도를 취하게 된답니다. '맞아, 잘 이해해주잖아?'라는 마음이 들걸요. 바로 이때, 진짜 의견을 말하세요.

① 반론에서 '배운다!'라는 자세로 듣는다.

② 반론을 나의 언어로 정리해서 상대에게 전한다.

③ 반론에 대한 의견을 말한다.

이 순서를 기억합시다.

토론이란 결국 과제를 해결하기 위한 것이지요. 새로운 말, 아이디어를 만들어내기 위해 서로의 의견을 맞부딪치는 과정입니다.

반론당하고 비판당하는 것에 대한 내성을 기르고, 상대의 기분을 가라앉히며 논리적으로 이야기를 진행해갑시다. 누구든 이런 기술을 익힐 수 있습니다. 지지 맙시다!

12

누구나 납득하고 공감하는
'설득력' 높이기 비책

"숫자로 말하는 게 뭐가
잘못인가요?"

고민 의뢰인
장민성(39세)

　민성 씨는 꼼꼼한 성격이다. "조금 더 가면 목적지입니다"라는 말을 들으면 '조금 더'가 1분인지, 5분인지 신경쓰인다. "이번 프레젠테이션은 근소한 차로 졌습니다"라고 하면 몇 표 차로 진 건지 알고 싶다. 어릴 때부터 숫자를 좋아했던 전형적인 이과형 인간이다. 사람과 사람이 더 질 높은 소통을 하기 위해서는 '수치'를 사용하여 정확하게 말하는 게 가장 좋다고 믿는다.

하지만 회사에서는 "민성 씨의 말은 정확하긴 한데 재미가 없어"라는 말을 듣는다. 정확하게, 객관적으로 데이터를 작성해서 발표했는데 "숫자만 늘어놓았을 뿐 이해가 안 된다"며 상사가 탐탁지 않은 얼굴을 하기도 한다.

"많은 사람들이 마음이 찡했다, 심금을 울렸다고 하는 이야기를 보면 그저 정서적일 뿐입니다. 저는 숫자, 수치, 데이터를 쓰는 편이 일관성 있고 효율적으로 일이 진행된다고 생각합니다. 감정에 호소할 뿐인 방법은 솔직히 말해 게으릅니다."

민성 씨의 이런 주장에 어떻게 답하면 좋을까?

숫자＋감정으로 말하자

숫자가 어려운 사람에게 숫자를 말하는 법

민성 씨, 안녕하세요? 메시지 잘 읽었습니다. 민성 씨의 사고방식도 틀리지 않았다고 생각합니다. 숫자에는 만인을 설득하는 힘이 있지요.

예전에 뉴욕에서 광고 영상을 편집했을 때 일입니다. 색감을 조정하는 파트에서 일하고 있었는데, 일본의 영상 감독이 미국 에디터에게 '붉은 기를 좀 빼달라'고 요청했어요. 그랬더니 에디터가 돌아보며 "빨강을 몇 퍼센트 빼면 됩니까?"라고 질문하더군요.

문화의 차이도 있을 거예요. 술을 덥힐 때 '살갗의 따스함 정도로 덥히라'는 말이 통하는 나라에서 자라다 보면 수치가 아니라 경험치로도 충분히 전달된다는 느낌이 듭니다. 하지만 이런 것은 머지않아 통하지 않게 될 거예요. 다양한 사람들과 일하게 되면 숫자가 주는 구체성이 지금보다 더 중요해지지요. 누구에게나 같은 이미지를 전하기 위해 숫자의 힘에 더욱 의지하게 될 겁니다.

사람마다 숫자 활용 능력에 큰 차이가 있다

그래도 우선 '미움받지 않는 데이터 전달법'에 대해 생각해봅시다.

민성 씨도 느끼고 있듯 세상에는 숫자를 능숙하게 다루는 사람만 있는 것은 아닙니다. 숫자를 듣기만 해도 머리가 아픈 사람도 많아요.

저 역시 그런 사람 중 하나인걸요. 갑자기 데이터를 들이밀며 요지를 파악하라고 해도 제대로 이해한 적이 없네요. 민성 씨와 저 사이에는 데이터에 대한 문해력, 즉 그 분야에 대한 지식과 그를 활용하는 능력에 큰 차이가 있는 것입니다.

숫자가 아니라 어학을 들어봅시다. 예컨대 저는 프랑스어라곤 "Bonjour!안녕하세요?"밖에 모릅니다. 이런 제게 프랑스어를 잘하는 사람이 프랑스어로 된 책을 주며 이해하라고 해도 불가능합니다. 수학도 이와 마찬가지로 활용 능력의 차가 극심한 분야임을 이해해주세요.

재미있게 전하라

즐겨보는 유튜브 중에 월스트리트 출신의 투자가 단 다카하시Dan Takahashi의 채널이 있습니다. 그는 유튜브에서 다양한 데이터를 구사하며 그날의 주식시장 등을 해설합니다. 금융에 밝지 않은 제게는 어려운 내용도 많은데, 매일 흥미롭게 듣고 있어요. 어째서 이런 일이 가능할까요?

그 이유는 단의 화술에 있습니다. 데이터와 함께 "엄청난 뉴스! 대박 뉴스!", "나조차 깜짝 놀랐다", "이제부터 대·폭·락!"과 같은 감정을 실은 말을 붙입니다.

'재미있는 부분은 바로 여기입니다'라는 예고장을 받으면 듣고 싶어지고 이해하고 싶어지지요. 풍부한 감정을 실어 데이터를 소개하기 때문에, 숫자라면 어렵다는 생각부터 드는 저도 매일 찾아 듣게 됩니다. 계속 듣다 보면 단의 말투만 들어도 '오늘 큰 변화는 없는 모양이군' 하고 짐작할 수 있게 된답니다.

물론 수치이니만큼 객관성을 유지할 필요는 있습니다. 하지만 비즈니스 현장에서 마음먹은 대로 사람을 움직이고 싶다면 의도하는 방향으로 감정을 넣는 것도 중요합니다.

"목적지까지 5분입니다"라고 하는 대신 "목적지까지 딱 5분입니다"라고 말하면 상대 역시 가까운 곳임을 곧바로 이해할 수 있습니다.

듣는 사람은 객관적인 수치뿐 아니라 말하는 사람이 그 수치에 어떤 감정과 의견을 가지고 있는지도 듣고 싶어 하기 마련입니다. 사람을 움직일 때 중요한 것은 '숫자에 감정을 넣는 것', 이 부분을 명심해야 합니다.

수치만 들어도 이야기가 술술 풀리길 바란다면 수치에 감정을 실으세요. 분명 인기 유튜버처럼 데이터의 마술사가 될 수 있을 것입니다.

숫자＋감정에 신뢰를 추가하라
데이터에 신뢰감을 주는 기술

민성 씨, 다카하시 단의 유튜브 꽤 재밌었다고요? 숫자를 사용하며 이야기를 만드는 좋은 모범이 될 거예요. 자, 이번에는 '정확한 데이터를 제시해도 믿지 않는다'라는 고민이군요. 제가 생각할 수 있는 범위에서 대답하겠습니다.

2020년은 '숫자'에 대한 신뢰가 흔들린 해였어요. 세계를 전율하게 만든 코로나19 바이러스로 미국에서는 40만 명2021년 1월 기준의 사망자를 기록했지만, 상당수의 국민이 '코로나19의 수치는 가짜다'라고 말했어요.

같은 해 실시된 미국 대통령 선거 투표수에 대해서도 '속임수'라는 목소리가 높았습니다. 아무리 데이터를 발표해도 수치의 출처, 발표자의 지위나 입장, 사회의 분열 상황에 따라 '그 숫자는 가짜다!'라고 비난받아요.

여기에는 온라인 세상에서 온갖 사람들이 자기 의견에 유리한 데이터를 확산시키는 바람에 어떤 것이 가짜인지 분별하기 어려워진 배경이 있습니다. 그러니 민성 씨가 아무리 정확한 데이터를 발표해도 탐탁지 않게 생각하는 사람은 "그런 데이터를 어떻게 믿어?"라고 말할 수 있어요. 슬프지만 현실입니다.

이런 상황이 꼭 나쁘다고만 할 수 없어요. 데이터만 보여주면 아무런 의심 없이 고마워하는 것도 문제니까요. 정말 까다로운 시대입니다.

숫자의 '출처'를 정확히 제시한다

그렇다면 어떻게 해야 좋을까요? 이쯤에서 철학자 아리스토텔레스Aristotle의 '변론술'을 소개하겠습니다.

아리스토텔레스가 변론에서 중요하게 생각한 것은 '로

고스논리', '파토스감정', '에토스신뢰'였습니다. '숫자'를 '로고스'라 친다면, 지난번에 이야기한 '숫자＋감정'은 '로고스'와 '파토스'가 합쳐진 상태입니다.

이와 더불어 중요한 것이 '에토스신뢰'라고 아리스토텔레스는 말합니다.

'신뢰'는 결국 데이터의 출처이며, 데이터를 추출한 방식, 분석한 사람의 수, 분석 기간, 방법, 분석자 등도 포함합니다. 잠깐만 생각해도 다양한 요소가 떠오르죠. 이와 함께 '말하는 사람이 누구인가'도 신뢰를 결정짓는 중요한 요소가 됩니다.

"그런 데이터를 어떻게 믿어?"라고 함부로 말하며 자기 입장에 유리한 데이터만 인터넷에서 찾아보는 사람이 넘치는 지금 힘을 발휘하는 것은 이 '에토스신뢰'입니다.

'숫자＋감정'에 탄탄한 '신뢰'를 더하세요. 이것이 마음을 움직이는 말을 만드는 비법입니다.

언제, 어디에서, 누가, 어떻게 조사해서 분석한 데이터인가. 나아가 그 결과에 대해 신뢰할 수 있는 지식인, 즉 전문가는 무엇이라 말하는가. '에토스신뢰'를 획득하기 위해 이러한 요소를 전면에 내세울 수 있어야 합니다.

철칙은 '크게, 알기 쉽게'

마음을 읽어내는 것으로 유명한 일본의 심리전문가 '멘탈리스트 다이고'의 이야기는 대부분 "펜실베이니아 대학교에서 2017년에 실시한 연구에 따르면"이라는 식으로 시작됩니다. 데이터의 출처를 정확히 하는 것이지요.

이렇게 늘 출처를 밝히는 습관을 들여야 합니다. 인터넷에서 자기에게 유리한 데이터를 퍼와서 붙인 것이 아니라는 점을 명확히 하는 것입니다.

프레젠테이션 자료를 만들 때도 데이터의 출처를 그래프 밑에 작은 글씨로 적지 말고, 다른 슬라이드에 큰 글씨로 따로 적으세요. 여기서 오는 박력과 자신감이 상대의 공격을 꺾을 힘이 될 것입니다.

분열이 더욱 가속화될 앞으로의 세계에서 '데이터'를 무기로 싸우려 한다면 숫자라는 '로고스'에 감정인 '파토스', 나아가서 신뢰인 '에토스'도 내 것으로 만들어야 할 테죠.

'숫자 + 감정 + 신뢰'를 한 뭉치로 생각합시다. 지금 시대야말로 고대 그리스의 천재 아리스토텔레스의 변론술을 소환해야 할 때입니다.

타인의 눈높이에 맞추자

'과연!'이라고 생각하게 만드는 비법

민성 씨, '숫자만 있으면 문제없이 돌아가는 대학생 때가 좋았다'라는 말씀, 이해가 갑니다. 저 역시 '숫자'로 말하는 것이 힘들어서 주로 '감정'과 '신뢰'에 의지해 말하고 있어요. 문과형 사람이 겪는 어려움도 있답니다.

이번 주제는 '상대가 데이터를 좋아하게 만드는 비법'입니다. 우선 애플 창시자인 스티브 잡스의 이야기로 시작하겠습니다.

스티브 잡스는 '문과와 이과의 교차점에 설 수 있는 사람에게 큰 가치가 있다'는 폴라로이드사 창시자 에드윈 랜드Edwin Land의 이야기를 읽고 자기 역시 그런 사람이 되고 싶다고 생각했다고 해요. '교차점'에 선다는 말이 지금처럼 중요한 시대도 없을 거예요.

가치관과 가치관의 교차점에 서다

문과와 이과뿐이 아닙니다. 세대, 지역, 성별, 환경, 빈부, 육아나 간병에 전념 중인 사람, 해외에서 자란 사람, 인터넷을 쓸 수 없는 사람, 다양한 병에 시달리는 사람……. 이런 온갖 사람들에게서 각양각색의 가치관이 태어납니다.

미국처럼 다양한 민족이 모여 있는 나라라면 겉모습을 보고 어느 정도 차이를 알 수 있겠지요. 하지만 그렇지 않은 나라는 단일민족처럼 보이기 때문에 모두가 같은 가치관을 공유하며 살아가고 있다고 생각하기 쉽습니다.

하지만 세계화가 진행되는 지금, 그런 나라들 역시 다양한 가치관을 가진 사람들이 모인 '가치관의 다민족국가'가 되어가고 있습니다. 바로 옆에 앉아 있는 사람도 나와는 다른 가치관을 갖고 살아갑니다. 이런 인식이 없으면 숫자가 아니라 다른 어떤 것을 내밀며 말해도 누군가를 설득할 수 없을 것입니다.

정말 상대방을 설득해야 한다면 가치관과 가치관이 서로 만나는 '교차점'에 서야 합니다. 구체적으로 말해 '아, 참 다양한 사고방식이 있구나' 하고 생각할 줄 알아야 한다는 것입니다.

자신의 가치관에서 한 걸음 물러나 다른 가치관이 교차하는 장소에서도 편안함을 느낄 수 있는 사람이야말로 다른 사람을 설득시키고 더 좋은 결론으로 이어지는 주장을 할 수 있습니다.

그러기 위해 무엇을 해야 할까요?

상대방의 의자에 앉는다

정치인의 연설을 작성할 때 쓰는 방법입니다.

우선 저를 스피치라이터로 지명한 후보자의 연설을 작성합니다. 그런 다음 그와 대립하는 후보의 연설을 씁니다. 이때, '대항마'로 쓰는 것이 아니라 실제로 그 사람에게 의뢰받았다는 마음으로 씁니다. '상대방의 의자에 앉는 것'이죠. 이를 통해 사람을 움직이는 말을 만드는 소중한 시각을 얻을 수 있습니다.

'숫자'와 '데이터'로 상대를 설득하고 싶다면 그에 반론하는 사람의 입장에 서서 그 '데이터'를 부정하는 연설을 써봅시다. 그러면 나의 결점이 보이기 시작할 겁니다. 동시에 상대의 관점에 대해서도 '이런 식으로도 생각할 수 있구나'라고 이해할 수 있게 되지요.

나와 나를 반대하는 사람이 만나는 교차점에 서면 상대를 이길 방법도, 대립하지 않고 받아들일 수 있는 부분도 찾을 수 있습니다. 상대를 깊이 이해하면 배려 넘치는 어른스러운 대응이 가능해집니다. 오래된 말이지만 '적을 알라'는 것은 병법의 핵심 중 핵심이지요.

상대방이 숫자를 못 알아듣는다고 한탄해본들 상황은 1밀리미터도 움직이지 않습니다. 그 상황을 타개하려면 칼을 뽑지 말고 상대의 의자에 앉아보세요. 상대가 원하는 바를 이해한 후에 로고스와 파토스를 이용해 이야기합시다. 이미 '숫자'를 잘 아는, 즉 로고스를 확보한 사람에게 유리한 미래는 보장되어 있습니다. 성공을 기원합니다.

잘나가는
온라인 강의의 기술

코로나19의 영향으로 온라인을 이용한 회의나 강의가 일상적인 일이 되었다. 다행히 나는 일찍이 전문가의 조언을 받은 덕분에 지금은 90퍼센트 가까운 업무를 온라인으로 처리하고 있다. 이번에는 나의 온라인 업무술을 소개하려 한다.

집에 온라인용 스튜디오를 만든다

"대형 모니터, 전용 카메라, 헤드폰, 조명을 구입해서 집을 온라인용 스튜디오로 쓸 수 있게 하세요."

아직 세상이 온라인화라는 변화를 받아들이길 주저하고 있을 때, IT 전공인 후배가 보낸 메일에 있던 말이다. 구입해야 하는 기종도 함께 첨부되어 있었다.

"앞으로는 재택근무가 주류가 될 거예요. 스마트폰이나 컴퓨터 카메라로 얼굴만 크게 비추거나, 밑에서 찍어서 콧구멍만 눈에 띄는 식으로 대충 하다가는 일이 없어질 겁니다."

실로 정확한 조언이었다. 나는 추천받은 모든 물건을 샀고, 관엽식물도 배경에 둔 재택근무 전용 장소를 마련했다.

◌ 어디를 보며 말할 것인가

얼굴뿐 아니라 가슴까지 보이게 카메라 위치를 조정한다. 실제로 보이는 것보다 정보가 제한되기 때문에 손을 움직이며 설득력을 높인다. 구직 활동 중인 어느 학생은 "얼굴만 크게 비추면 의욕이 없거나 불안하다는 점 등을 읽힐 수 있어요"라고 조언했다.

문제는 시선이다. 모니터에 나와 타인의 얼굴이 다수

떠오르면 얼굴에만 시선이 가기 쉽다. 이에 대해 "내가 보이는 화면을 카메라 밑으로 배치하세요. 그러면 카메라와 눈높이가 맞게 됩니다. 카메라 옆에 꽃이라도 달아서 눈에 잘 띄게 하는 것도 좋아요"라는 조언을 받고 카메라 옆에 제일 좋아하는 스누피 마스코트를 놓았다.

카메라는 가끔 확인한다. 강조하고 싶을 때는 몸을 앞으로 내민다. 부족한 정보는 몸짓과 손짓으로 보충한다.

어린이를 위한 온라인 강의를 하다가 아이들의 움직임을 보고 깨닫는 바가 있었다. 아이들은 고개를 끄덕이는 각도가 크다. 공감하거나 감동하면 양손을 반짝반짝 흔들기도 하는데, 수어로 박수를 의미하는 동작이라고 한다. 아이들은 수업을 들으며 손짓과 몸짓으로 반응을 보이는 법을 터득하고 있었다. 어른보다 훨씬 온라인 교육에 잘 적응한 것 같다. 나도 어린이들의 움직임을 도입하기로 했다.

☼ 이야기의 단위는 10분

하지만 온라인으로 진행하다 보면 피곤한 것도 사실이다. 현실 세계에서의 대화가 3차원인 것에 비해 모니터는

2차원이며 해상도도 좋지 않다. 그런 환경에서 마치 현실 세계에 있는 것처럼 대화하는 것이다. 부족한 정보가 있으면 뇌가 '아마도 이런 것이겠군'이라는 유추를 시작한다. 뇌를 혹사시키는 일이다.

여러 가지 설이 있지만, 뇌가 집중할 수 있는 시간은 10분 정도라고 한다.

재택근무 중에는 계속 화면을 마주하고 있지만 사실 아무리 노력해도 10분이 한계다. 파워포인트를 써서 설명할 때도 10분 이내에 끝내야 한다. 계속할 경우라면 "여기까지 질문은?", "의견 있으십니까?" 같은 말을 써서 청중과 커뮤니케이션을 한 후 재개한다.

가능하다면 대화를 중재해 줄 코디네이터가 있으면 좋다. 축구로 말하자면 미드필더 같은 역할, 회의 전체를 살피는 사령탑 같은 존재라 할 수 있다. 채팅창에 올라오는 글이 많아지면 도저히 다 읽을 수 없다. 이런 때 회의나 강의 전체의 방향을 다잡아 가는 사람이 있다면 참가자들은 집중하기 쉬워질 것이다.

온라인 강의는 아직 과도기에 있다. 하지만 진보의 속도는 무서울 정도로 빨라서 여기에 쓴 조언들도 곧 낡게

느껴질지도 모른다. 그런 급격한 변화에 따라갈 수 있는
사람이고 싶다.

적을 만들지 않으면서
할 말을 하는 3대 비법

"괜히 나섰다가 모난 돌에
정 맞을까 두려워요."

고민 의뢰인
황은경(40세)

은경 씨는 제약 회사에서 근무한다. 본래 내성적인 성격이라 늘 주변의 시선을 신경 쓴다. 회사뿐 아니라 아이 친구들의 보호자와 사귀는 것도 힘들다. '그 생각은 좀 이상한데', '나는 그런 거 하고 싶지 않아'라고 생각해도 내 한마디 때문에 아이가 따돌림이라도 당할까 봐 걱정된다. 아이를 앞에 두고 어울리지 않을 수도 없으니 늘 마음의 짐이다.

SNS에서 댓글을 달 때도 말을 고르며 신중하게 쓴다. 괜히 적을 만들고 싶지 않다. 하지만 그런 식으로 살다가, 해도 그만, 안 해도 그만인 말만 하는 사람이 될까 봐 불안하다.

하고 싶은 말은 하고 싶다. 하지만 미움받고 싶지는 않다. 이 문제를 해결할 좋은 방법이나 비결은 없을까?

말할 때도, 글 쓸 때도
긍정문을 사용하자

반발을 부르지 않는 말투를 만드는 법

은경 씨, 편지 감사합니다. 아이 친구들의 보호자와 사귀는 일이 어렵단 걸 잘 알았습니다. 숨이 갑갑할 거예요. 충분한 수면과 심호흡을 늘 기억하세요.

'적을 만들지 않는 말'을 쓰기 위한 결정적인 비법은 사실 없습니다. 보통은 그냥 지나갈 일도 서로 결이 맞지 않는 사람은 트집을 잡으니까요. 반드시 효과가 있으리라 장담할 수는 없지만, 그래도 마음에 새겨두면 좋은 팁을 알려드리겠습니다.

같은 내용이라도 다르게 전할 수 있다

이번에 말하고자 하는 방법은 '언제나 긍정문으로 쓰고 말할 것'입니다.

아이들을 가르치는 현장에서도 곧잘 듣는 이야기입니다.

· "서두르지 않으면 학교에 늦을 거야! 얼른!"
· "지금 나가면 제시간에 도착할 거야! 서둘러!"

이 두 문장이 말하고자 하는 바는 같습니다. 하지만 듣는 이가 전달받는 느낌은 상당히 다르지요.

첫 번째 문장은 부정문입니다. 비관적이고 위에서 내리누르는 시선이 느껴지지 않나요? 반면 두 번째의 긍정문은 제시간에 도착하면 성취감이 느껴지리라는 희망을 줍니다. 말한 사람이 옆에서 응원하고 있다고 느껴질 것입니다.

원고 쓰는 일을 직업으로 삼으면 편집자가 내용이나 스케줄을 함께 체크해줍니다. 편집자들은,

"24일 마감에 늦으면 발매가 늦어집니다."

라고는 말하지 않습니다.

"24일까지 완성해주시면 어떻게든 됩니다. 기대하고 있겠습니다."

라는 식으로 말합니다.

마감일을 말하는 것은 똑같지만, 후자를 들으면 격려의 말을 건네주며 함께 뛰고 있다는 느낌이 듭니다. '좋아, 쓰자!'라는 의욕이 생깁니다. 이렇게 조금만 주의를 기울여도 사람의 마음은 변하기 마련입니다.

마음에는 동사만 남는다

왜 긍정문은 적을 만들지 않을까요?

사람의 마음에 남는 것은 동사뿐이기 때문입니다. 앞서 든 예를 보면 "서두르지 않으면 학교에 늦을 거야! 얼른!"의 경우 '늦는다'는 단어만이 발언한 사람과 지각을 앞둔 사람의 마음에 남습니다. 반대로 "지금 나가면 제시간에 도착할 거야! 서둘러!"는 '제시간에 도착한다'라는 말이 남을 것입니다.

은경 씨의 말에 '제시간에 가지 못할 것이다', '잘 안 될 것이다', '진행이 안 된다' 같은 부정어만 가득하다면 그것이 곧 은경 씨의 인상으로 상대방에게 남을 것입니다. 그와 동시에 자신이 한 말임에도 불구하고 스스로의 마음에도 부정적인 언어가 쌓이게 되고요.

좋은 인간관계를 만들려면 긍정적인 말, 특히 긍정적인 '동사'를 의식해서 씁시다.

그렇다면 부정어는 쓸모가 없는 걸까요? 그렇지는 않습니다.

아이가 들어가면 안 되는 잔디밭에 들어가려 할 때 "여기는 들어가면 안 돼!" 하고 말하는 편이 이해가 빠르고 효과도 있습니다. 어떤 사람이든 강하게 말해야 하는 순간은 있는 법입니다.

평소에는 긍정어만 쓰던 사람이 "들어가지 마!"라며 무서운 얼굴로 화를 낸다면 상대는 '평소에는 온화한 사람인데 저렇게 화를 내네. 정말 하면 안 되는 일인가 봐' 하고 생각하게 됩니다. 부정어도 효과적으로 사용할 수 있습니다.

문장에서 악감정을 빼자

절제된 문장을 쓰는 법

　은경 씨, '돌아보니 말투에 부정어를 많이 쓰고 있었다'
고요. 사람은 대부분 그렇습니다. 부정어로 말하면 강한
인상을 준 느낌이 들거든요. 또, 걱정되거나 짜증스러울
때 글을 쓰면 그 감정을 전하고 싶어서 부정어를 쓰는 경
향이 있습니다. 주의하면 좋은 부분이지요.

　이야기를 이어가겠습니다. '절제된 문장을 구사하는 법'
을 탐구해봅시다.

문장에서 악감정 빼기

'새벽 2시에 쓴 편지는 부치지 못한다'는 말을 들어본 적이 있을 겁니다. 밤늦은 시간엔 자제심이 약해져서 고양되는 감정을 억누를 수 없지요. 아침에 일어나 이성과 감정이 제자리에 돌아온 상태에서 읽어보면 '이건 좀 자기중심적이네', '너무 감정에 취해 있군' 같은 점을 깨닫게 됩니다.

이 감각을 평소 문장을 쓸 때도 응용해봅시다.

메일이나 메신저를 읽다가 화가 치밀 때가 있습니다. 그러면 답장을 쓸 때 비난이나 비아냥을 한마디쯤 넣고 싶어지는 것이 사람 마음입니다. 또는 누군가 인터넷에 올린 글에 댓글을 씁니다. 눈에 띄고 싶기도 하고, 글을 쓴 사람에게 인정받고 싶은 마음도 생겨서 자기과시적인 글을 쓰고 맙니다. 저 역시 자주 저지르는 일입니다.

이러한 문장은 모두 자제력을 잃은 '새벽의 문장'이라 할 수 있습니다. 글을 올리기 전에 아침에 일어나서 편지를 재차 읽어보는 마음으로 다시 한 번 바라봅시다.

괜히 시비를 걸고 있지 않은가? 쓸데없는 허세를 부리

고 있지 않은가?

이번에 전하고 싶은 것은 이것입니다. '문장에서 악감정을 빼라'. 자신의 문장을 다시 읽으며 감정적인 말, 비아냥, 자랑, 과장 등이 섞이지 않았는지 살펴봅니다. 그런 부분이 있으면 고치면서 자제심 있는 '아침의 문장'으로 다시 씁시다.

물론 은경 씨가 불쾌감을 주는 무의미한 질문, 이기주의, 편견, 오해, 트집, 도발, 폭언 등을 쓰리라고는 생각하지 않아요. 하지만 인간은 약한 존재이기 때문에 쓰려고 의도하지 않아도 그때의 감정에 따라 '새벽의 문장'이 되어버리는 일이 있으니까요.

중요한 것은 쓴 다음 다시 읽어보는 것입니다. 적어도 3분이 지난 후에 발송합시다.

문장에 호감 더하기

그렇다면 호감 가는 문장은 어떻게 쓰면 될까요? 바로 '기쁘다', '즐겁다', '재미있다', '맛있다' 등 마음속에 품은 좋은 감정을 문장에 추가하는 것입니다.

틀에 박힌 듯 늘 '좋다'고만 하지 말고 '두근거린다', '가슴이 뛴다', '시간 가는 것을 잊었다', '흥미진진하다', '기운이 난다', '기분이 밝아진다' 등등 긍정적인 표현을 많이 쌓아둡시다. 이런 말을 넣으면 '아침의 문장'이 햇빛의 온기를 품은 '낮의 문장'이 됩니다.

> "메일 주시길 기다리고 있었는데 감사합니다. (좀처럼 답장이 오지
> 않아서 초조했다……고는 쓰지 않는다) 조금 전 편지를 받고 마음
> 이 환히 밝아졌습니다."

예를 들면 이렇게 쓸 수 있지요.

게이오 대학 출신으로 유튜브에서 사회과학 지식을 강의하는 코미디언 나카다 아쓰히코의 영상을 보면, 강의 중에 계속 "흥미진진하죠?", "재미있지 않아요?" 하고 말한다는 것을 알 수 있습니다. 그런 말을 들으면 '맞아, 재미있어!' 하고 동조하는 것이 인간입니다. 저 역시 따라 하고 싶은 방법입니다.

내가 쓴 문장은 '새벽의 문장'인가, '아침의 문장'인가, '낮의 문장'인가? 늘 세심하게 살펴보면 좋겠습니다.

인간관계에
나만의 규칙을 정하자

스트레스 없는 인간관계

은경 씨, 모든 문장이 긍정문으로 이루어진 '낮의 문장' 잘 읽었습니다. 훌륭한 편지였어요. 하지만 은경 씨가 쓰셨듯 아무리 '긍정문', '아침의 문장', '낮의 문장'을 써서 최선을 다해도 통하지 않는 사람이 있습니다. SNS 댓글이라면 무시할 수도 있고 삭제할 수도 있지만, 현실 세계의 인간관계는 그럴 수 없어요. 이번에는 '피하고 싶은 사람과 잘 지내는 법'을 생각해봅시다.

마음에서 내려놓고 일일이 상처받지 말자

회사에서 호통치는 상사나 우위를 점하려는 아이 친구의 보호자들, 마음 같아서는 알고 지내고 싶지 않은 사람들. 그런 사람들과 이 이상 관계를 악화시키지 않으려면 어떻게 글을 쓰고 말을 해야 할까요?

우선 해야 할 것은 상대에 대한 나쁜 감정을 버리는 것입니다. 종교적인 말로 하자면 '죄를 사한다'고 할 수 있어요. 불가능하다면 그냥 내버려두는 것도 좋습니다.

'용서 못 해!' 하는 발끈한 감정을 버리고 상대를 용서합니다. 아니면 그 감정을 일단 옆으로 치워두고 방치합니다. 그러지 않으면 글을 쓰든 말을 하든 계속 감정이 되살아나서 악감정을 증폭시킬 뿐입니다. 시간 낭비일 뿐 아니라 정신 건강에도 좋지 않아요.

상대방의 가족이나 부모, 친구를 떠올리는 것은 좋은 방법입니다. 불쾌한 무리들의 입장에 서서 '저 사람의 입장에서는 그런 마음을 가질 수도 있어'라고 생각할 수 있는 인격자는 보통 많지 않지요. 분노를 잠재우기 가장 좋은 감정은 '연민의 정'입니다. 안타깝게 여기는 것이죠.

'저 사람에게도 분명 가족이 있을 텐데 가엾게도'라는 마음으로 용서하고 마음에서 내려놓읍시다. 더 이상 악감정의 무한 굴레에 휘둘리지 않는 것입니다.

선을 긋는다

다음 단계는 그 사람과의 관계에 대해 자기 나름의 규칙을 정하는 것입니다.

불쾌한 감정이 생기는 데는 원인이 있습니다. 잘못을 덮어씌우거나 사생활을 침해하는 등 여러 가지가 있을 수 있지요. 원인을 따져 본 다음 '이 사람에게는 사생활 이야기를 일절 하지 말자', '나중에 딴소리를 해도 반박할 수 있게 증거가 남는 글로 쓰자'처럼 상대를 어떻게 대할지 자기 자신과 약속하세요. 미리 선을 그어 두는 것입니다.

제가 자주 쓰는 방법은 "당신이 지난번에 ~라고 말한 것처럼"이라며 과거에 상대방이 한 말을 인용해 문장을 쓰는 것입니다. 자기 말이 인용되어 있으면 상대도 무턱대고 트집을 잡을 수 없습니다.

스스로 정한 규칙대로 행동하고, 자신과의 약속을 지키

면 됩니다. 새로운 사태가 발생하면, 규칙을 수선해서 말과 글의 방향을 다시 찾아가면 될 일입니다.

우리는 마음 어딘가에서 늘 '말하면 알아줄 것이다'라고 생각합니다. 하지만 세상은 녹록지 않은 곳입니다. 사람에 따라 가치관, 옳고 그름, 좋고 싫음, 이익과 손해에 대한 감각이 모두 다르지요. 만인에게 사랑받는 문장법이나 화법 같은 편리한 도구는 없다고 생각해야 합니다.

할 수 있는 건 그저 적절한 거리감과 규칙을 만들어 놓는 일뿐입니다. 다양한 사람들과의 관계에 저마다 알맞은 거리감과 규칙을 정하고 지키는 일이 호감 가는 문장으로 이어질 것입니다.

사람과의 거리를 잴 것. 내가 정한 규칙을 지킬 것. 오늘부터 바로 시도해봅시다.

14

나의 껍질을 깰 수 있는
'거절법'

"마음이 약해서
'안 돼'라는 한마디가
어렵습니다."

고민 의뢰인
주미나(29세)

미나 씨는 신문사에서 계약직으로 일하고 있다. 1년이 지나 업무도 익숙해졌다. 전 직장과 마찬가지로 '회계 업무'라 시스템 차이만 이해하면 일은 간단했다.

문제는 인간관계. 퇴근할 시간이 되면 "미안한데 이것만 해줄래?"라고 부탁하는 사람이 꼭 나타난다. 도시락을 가지고 왔는데 누가 같이 밥 먹으러 가자고 하면 거절하지 못한다. 나중에 '싹싹하지 못하다'는 평가를 받는 것이 무서운 것이다. 생각해보면 전 직장에서도 '거절'을 하지 못해서 회사에 가는 것 자체가 싫어진 경험이 있다.

'거절할 용기를 가지고 싶다'는 생각에 책도 몇 권씩 읽었지만, 행동으로 옮기지 못했다. 엄격한 가정에서 자라서 부모님에게 말대꾸도 해보지 못한 채 성장한 것이 이제와 문제가 되는 건지 싶다.

미나 씨가 배우고 싶은 말은 단 한마디, 'NO!'이다.

작은 일에서 또 다른 나를 시험하자

거절하는 용기를 키우는 법

미나 씨, 편지 감사합니다. 잘 거절하지 못해서 내키지 않는 일을 떠맡게 되는군요. 요즘 미나 씨와 같은 사람이 늘고 있습니다. 우리 사회에는 주위 의견이나 행동에 맞춰야 한다는 무언의 압력이 분명 존재하지요.

'거절'하는 행위를 자기중심적이고, 냉정하고, 도도하며 거만하다고 취급하면서 거절당한 사람을 마치 피해자처럼 말하는 풍조가 만연하고 있습니다. 이런 감정이 직장이나 학교에도 소용돌이치고 있어요. 살기 힘든 세상입니다.

자, 이번 질문은 '거절할 용기를 키우고 싶다'로군요. 그럼 생각해봅시다.

인간은 다면체이다

미나 씨는 스스로를 가리켜 '마음이 약하다'고 했습니다. 그런데 정말 그런가요? 인간은 한 성격만 지닌 존재일까요? 국내에서는 낯을 가리던 사람이 해외에서 생활하면서 다른 사람처럼 변했다는 예는 얼마든지 있습니다. 학교나 직장만 바뀌어도 몰라보게 달라지는 사람도 있고요. 물론 기본적인 성격은 있겠지만 환경이나 자기 자신에 대한 잘못된 인식으로 성격을 규정하고 있는 경우가 많습니다.

'다면체'를 알고 있나요? 네 개 이상의 면으로 둘러싸인 입체를 말하지요.

사람의 성격도 이런 '다면체'로 되어 있습니다. '적극적인 사람'과 '소극적인 사람'이 있는 것이 아니라, 사람에게는 '적극적인 면'과 '소극적인 면'이 공존합니다.

'거절할 용기'가 없는 소심한 일면이 있으면서 동시에

시원하게 거절할 수 있는 면도 가지고 있습니다. '마음이 약하다'라는 것도 다수 존재하는 성격 중 하나에 불과하다고 생각해봅시다.

'나는 ~하지 않습니다'를 활용한다

자신을 '다면체'라고 생각하면, 스스로를 데구르르 굴려서 평소와 다른 일면이 나오게 할 수 있습니다. '자기주장이 강한 일면'이 나왔다면 자신을 그런 성격의 소유자로 연출하는 겁니다.

우선 작은 것부터 시작해봅시다. 쉽게 성공할 수 있는 일을 시도해보죠.

- 편의점에서 점원이 "도시락에 젓가락도 함께 넣어 드릴까요?"라고 묻는다. 이때 자기주장을 한다고 생각하고 "괜찮습니다"라고 분명히 대답해본다.

- 가게에서 계산하고 있는데 포인트 카드를 만들라는 권유를 받았다. 이때도 자기주장이라고 생각하고 "저

는 괜찮습니다"라고 당당하게 대답한다.

익숙해지면 '거절'하는 장소를 조금씩 늘려갑시다. 이
때, 말머리에 "감사합니다"를 붙이는 것이 거절의 말을 쉽
게 꺼내는 비결입니다. "감사합니다. 그런데 저는 필요 없
습니다"라고 말하면 상대도 불쾌한 기분이 들지 않습니
다. 또 '나'라는 주어를 넣으면 '거절하고 있는 것은 바로
나'라는 의식이 생깁니다.

"감사합니다. 하지만 나는 ~하지 않습니다."

살고 있는 지역이나 가족, 친한 친구들 사이에서 이렇
게 말할 기회를 늘려가 보세요. 계속하면 '다면체' 안에서
도 '자기주장을 하는 일면'이 정착하게 됩니다.
　말에는 사람을 움직이는 힘이 있습니다. 그런데 가장
움직이기 힘든 사람은 바로 나 자신입니다.
　잘못된 믿음과 잘못된 꼬리표 때문에 '나'는 경직돼 있
습니다. 딱딱히 굳은 나를 움직이도록 자신에게 말해야
합니다. "감사합니다. 하지만 나는 ~하지 않습니다"라는

말을 활용함으로써 자기주장하는 나로 변해갈 수 있어요. 이 연습을 반복하면 '거절하는 용기'가 자라날 것입니다.

우선은 가까운 편의점이나 좋아하는 카페에서 '자기주장하는 일면' 만들기를 시작합시다.

거절하는 패턴을 만들자

평생 쓰는 '거절 표현'

미나 씨, 카페 사진 고맙습니다. 조금씩 '자기주장하는 일면'이 늘고 있단 이야기를 들으니 저 역시 기쁩니다.

이번에는 '거절하는 방법을 패턴화하고 싶다'는 이야기로군요. 일리 있는 말입니다. '어떻게 말해야 이해해줄까?', '어떻게 해야 상처를 주지 않을까?', '어떻게 해야 상대가 화를 내지 않을까?'를 매번 고민하는 건 큰일이니까요.

'긍·긍·부·긍의 법칙'을 터득하자

거절하는 패턴에 대해 알아봅시다.

상처 주지 않고 상대방에게 자신의 의견을 말하는 패턴으로 '긍정 · 긍정 · 부정 · 긍정의 법칙'을 추천합니다. 긍정 · 긍정 · 부정 · 긍정의 순서를 지키며 말하면 아무리 심각한 이야기여도 상대방이 크게 마음 상할 일은 없습니다. 이 방법을 '거절'하는 경우에도 응용해봅시다.

예를 들어 직장 선배가 회식 자리에 부르는 것을 거절하려고 합니다. 이때 '긍정 · 긍정 · 부정 · 긍정의 법칙'을 쓰는 겁니다.

긍정 감사합니다!

긍정 불러주셔서 정말 기뻐요.

부정 하지만 오늘 꼭 끝내야 하는 일이 있습니다. 죄송합니다.

긍정 다음에 또 연락 주세요!

다음번에 가고 싶지 않다면 마지막 '긍정'의 "다음에 또 연락 주세요!"를 "연락 주셔서 감사합니다!"로 바꾸면 됩니다. 상황에 맞게 변화를 줍시다.

'죄송 · 감사 · 이유 · 대안'의 순서로 말하자

또 다른 패턴이 있습니다. '긍정 · 긍정 · 부정 · 긍정의 법칙'에 비해 업무 중 쓰기 좋은 실천적인 거절법입니다.

바쁘게 일하고 있는데 상사가 새로운 일을 부탁하려고 합니다. 처음 하는 업무이기 때문에 지금은 그 일을 책임질 여유와 자신감이 없습니다. 비즈니스 현장에서는 이런 경우 확실히 의사를 표현하는 편이 좋지요.

이때 적용할 수 있는 패턴은 '죄송 · 감사 · 이유 · 대안'입니다.

죄송 죄송합니다. 지금은 조금⋯⋯

감사 새로운 업무를 맡겨 주신다니 정말 기쁩니다.

이유 하지만 먼저 처리해야 할 일이 있습니다. 처음 해보는 일을 하
기엔 여유가 조금 부족할 것 같네요.

대안 4일 후에는 시간에 여유가 생깁니다. 그 전에는 힘들 것 같습
니다.

'지금은 조금……' 후에 잠시 시간을 두는 것이 핵심입니다. 상대가 '아, 거절할 모양이구나' 하고 생각할 '시간'이자, 깊이 고민한 후에 꺼내는 말이라는 느낌을 주는 '시간'입니다.

또한 이유 중 '먼저 처리해야 할 일이 있습니다'는 외부 사정 때문에 거절한다는 의미로, 즉 외적 요인에 해당합니다. '처음 해보는 일을 하기엔 여유가 조금 부족할 것 같다'는 자신의 판단으로 거절한다는 내적 요인입니다.

'여유가 없다', '자신이 없다' 등 자기 생각을 털어놓는 '내적 요인'은 말하기 어려울 수도 있지요. 그러니 처음에는 내 힘으로는 어쩔 수 없는 사정으로 거절한다는 것으로 시작해서 조금씩 자신의 판단에 따라 거절할 수 있게 되는 것이 이상적입니다.

서두를 필요는 없습니다. 우선은 패턴을 기억해서 쓰기 편리하게 익혀가면 됩니다.

더 이상 자신을
몰아붙이지 말자

일일이 신경 쓰지 않는 방법

미나 씨, '긍·긍·부·긍의 법칙'을 써보고 있다는 말씀을 읽고 기뻤습니다.

세 번째 레슨은 거절한 결과 '원성을 사거나 비난받아도 평정심을 유지하는 방법'입니다. 정말 어려운 문제예요. 하지만 사소한 일로도 괴롭힘을 당하거나 악플 세례를 받는 요즘, 타인에게 미움받았을 때의 대처법도 생각해둘 필요가 있는 것은 분명합니다.

그게 무슨 큰일인가

비난받거나 질책당하면 많은 사람이 '내가 말을 잘못했다'고 자책합니다. 하지만 그렇게 생각하는 것은 위험해요.

자책하는 말은 자신을 나무라면 나무랄수록 강해지기 때문입니다. '그래, 다 내 잘못이야!', '내가 하는 일이 다 그렇지'라고 자포자기할 때까지 나는 나에게 가차 없이 굴 수 있습니다. 이에 대항할 말을 가지고 있지 않으면 스스로를 궁지로 내몰기 십상입니다.

큰 비난을 받았을 때, 저를 구해준 말이 있습니다.

"그게 무슨 큰일인가."

중국 작가 린위탕林語堂의 에세이집 《생활의 발견》에 나오는 말입니다.

참 여러 일이 있었고 다양한 생각이 들었습니다. 그런 것을 전부 묶어서 '그게 무슨 큰일인가'라고 단언해보니 얼마나 마음에 위로가 되던지요. 악플 세례를 받았을 때도, 암 진단을 받았을 때도 '그게 무슨 큰일인가'라고 외치며, 내 마음을 산산조각 내려는 힘을 저지했습니다.

말로 타인을 움직이는 것도 중요하지만, 말로 자신을 멈춰 세우는 것도 중요합니다.

힘든 일이 있었을 때 "괜찮아", "별일 아니야", "될 대로 되라지" 같은 말을 바로 꺼냅시다. 이것도 고민되고 저것도 걱정되기 시작했다면 "그게 무슨 큰일인가"라고 선언해봅시다.

몸으로 느낄 수 있는 말을 되새긴다

또 하나, 질책과 비난으로 고통스러울 때 쓸 수 있는 말을 생각해보지요.

괴로울 때 '어차피 나는 안 돼', '나는 끝이야'처럼 부정적인 말로 이어지는 어휘를 쓰지 않도록 합시다. 그렇다고 '나는 괜찮아', '나는 운이 좋아'처럼 무리해서 긍정적인 말을 쓰는 것도 좋지 않아요. 말만 훌륭하면 현실과 말 사이의 차이가 너무 벌어져서 오히려 더 침울해질 수 있기 때문입니다.

마음이 위축되어 스스로 제어할 수 없어졌을 때는 '몸

이 기뻐할 만한 문장'을 소리 내어 말하기를 추천합니다.

- 밥을 먹으며 **"맛있다."**
- 목욕을 하며 **"기분 좋다."**
- 이불 속에 들어가서 **"포근하다."**

몸이 안정된 상태를 입으로 표현하는 겁니다. 신체에 집중하여 몸이 기뻐할 만한 일을 하고, 그 상태를 입으로 말합니다.

'나를 칭찬하자', '자아존중감을 높이자'라고 말하기는 쉽지만 간단히 되는 일은 아니지요? 우선 자기 몸을 소중히 여기는 것부터 시작합시다.

어느 정도 기운을 되찾았다면 밖으로 나가서 "기분 좋아", 영화를 보고 "재미있어", 사람과 만나서 "즐거워" 같은 말을 소리 내어 말합시다. 말의 힘은 나 자신도 움직일 수 있습니다.

어찌 되었든 '거절'하는 것은 단단한 커뮤니케이션 능력을 필요로 하는 일이에요. 능숙하게 할 수 있다면 사람을 움직이는 힘도 변하고 인생 또한 변화할 것입니다.

15

미움받지 않는 말투를
손에 넣는 방법

"할 말을 할 뿐인데
성격이 사납다는 오해를
받습니다."

고민 의뢰인
오진경(37세)

종합상사에 근무하는 진경 씨는 입에 발린 말을 하는 것을 아주 싫어한다. 하고 싶은 말을 직설적으로 말하는 것을 신조로 삼아왔다. 그런데 요즘 들어 부하 직원들은 "무섭다"고 하고, 상사는 "말이 세다"라며 얼굴을 찌푸린다. "사람을 깔보는 것 같다"는 말도 들어봤다. 다른 나라 사람들과 영어로 대화할 때는 듣지 않는 말인데 우리나라 사람과 대화하면 "진경 씨는 좀 공격적이네요"라는 말을 듣는다.

'사람들이 딱 부러지게 말하는 것을 너무 피하는 경향이 있어. 그래서 일이 제대로 진행되지 않는 거야'라는 생각에 신경이 곤두선다. 하지만 주변을 돌아보니 어느샌가 큰 프로젝트에서 제외되기 시작했다. '사나운 인상'을 주는 말투를 바꾸지 않으면 고립될 것 같다는 생각이 든다.

하고 싶은 말은 하고 싶지만 '사나운 인상'은 남기고 싶지 않다. 직설적이면서도 친근함을 주는 말투를 손에 넣고 싶다. 이런 바람을 담아 상담 메일을 보냈다.

약함을 드러낼
용기를 가져라

거만해 보이지 않는 말투

진경 씨, 메일 감사합니다. 문장도 시원시원하여 잘 읽었습니다. 하지만 '늘 깔보듯 말한다'는 평가를 들으면 괴로울 거예요. 거만한 태도로 말할 의도가 없었는데 듣는 사람은 우위를 빼앗겼다고 느끼는 거지요. 해결해야 할 문제입니다.

자랑처럼 들리지 않는지 점검하라

우선 '깔본다는 평가를 듣지 않는 말투'를 생각해보지요. 진경 씨는 메일 중에 '사람들이 딱 부러지게 말하는 것을 피하는 경향이 있다. 그래서 일이 제대로 진행되지 않는다'라고 써주셨죠? 이 말은 '해외 생활을 경험한 내가 보기엔[긍정적인 자기 경험], 우리나라의 이런 부분은 문제다[현실 비판]'라는 구조를 가지고 있습니다.

'깔본다'는 평가를 듣는 말투를 분석하면 [긍정적인 자기 체험] + [현실 비판]의 구조인 경우가 많아요. 예를 들어 상사가 다음과 같이 말했다 칩시다.

"우리가 젊었을 때는 밤을 새서 일했어[긍정적인 자기 체험]. 지금 젊은 애들은 일에 대한 끈질긴 열정이 없어[현실 비판]."

잘 살펴보면 '긍정적인 자기 체험', 쉽게 말해 '남이 보기에 자랑으로 들리는 부분'이 깔보는 느낌을 주는 원인임을 알 수 있습니다.

진경 씨의 입장에서 보자면 해외 경험이 자랑으로 들릴

것이라고는 생각하지 못했을 거예요. 하지만 그것을 결정하는 것은 의뢰인이 아니라 이야기를 듣는 사람입니다. 해외 경험뿐 아니에요. 성가신 일이지만, 출신, 학력, 업무 내용 등이 '자랑'으로 들리는 일은 왕왕 있습니다.

시선을 낮춘다→약점을 내보인다

그러면 어떻게 해야 할까요? 바로 '약점'을 보이는 겁니다. '나에게도 이런 약점이 있다', '이런 처참한 실패를 했다'를 말하세요. '긍정적인 자기 체험'을 '부정적인 자기 체험'으로 바꾸세요. 즉 '자랑담'이 아니라 '실패담'을 염두에 두고 이야기하는 겁니다. 의뢰인의 메일에 있던 문장을 바꾸면 이렇게 되겠지요.

"'동양인은 딱 부러지게 말하는 것을 피하는 경향이 있다'는 이야기를 저도 해외에서 지낼 때 많이 들었습니다. 그때 억울했던 마음이 있어서 일을 빨리 진행시킬 수 있는 화법을 노력 중입니다."

중요한 것은 내 말을 들은 누군가의 마음이 움직이는

것입니다. '깔보는 시선'이라는 느낌을 주지 않고 '아, 이 사람도 고생했구나' 하는 공감을 느끼게 해야 합니다.

일본에는 〈실수 선생, 나처럼 되지 마!!しくじり先生、俺みたいになるな!!〉라는 인기 프로그램이 있습니다. 연예인이 출연해서 성공가도를 달리다가 거만하게 군 결과 몰락한 자신의 인생을 이야기한다는 구성이에요.

그 실패담을 듣고 있으면 '이 사람은 역경을 겪으며 강해졌구나'라고 자기도 모르는 새 공감하게 됩니다. '약점'을 드러내니 '친근감'과 '신뢰감'이 자라나지요. 그러는 사이 자연스럽게 '단단함'도 드러내게 되고요. 자신을 지키기 위해 내뱉는 '공격적인 말투'가 아니라 온몸을 던져 획득한 '단단한 말투'을 띠게 되는 것입니다.

자신의 '약점'에 주목합시다. 성공한 사람, 위에 서는 사람들은 대부분 '약점'을 무기로 삼고 있습니다. '깔보는 말투'라는 평가로 고립되지 말고, 사람을 움직이는 힘을 가져야 합니다. 그 비결은 '약점'을 보이는 것에 있습니다.

실패담을 계속 떠올려보세요. 그것이 타인과의 거리를 좁히는 씨앗입니다. 소중히 키워나갑시다.

'생각에 기초한 말'을 쓰자

말이 공격적인 사람들의 공통점

진경 씨, '내 말이 자랑으로 들릴 수 있다니 깜짝 놀랐다'라는 말을 읽고 이 역시 진경 씨답게 꾸밈없는 말이어서 호감을 느꼈습니다. 자, 이번에는 '공격적인 느낌을 주지 않는 말투'에 관해 알려드리겠습니다.

그저 '감정에 기초한 말'을 쓰지 않는가

우선 '공격적인 말'이 나오는 배경에는 '상대를 자기보다 아래로 보는 마음'이 있습니다. 이 부분을 고치지 않고서 말꼬리만 부드럽게 바꾸는 걸로는 의미가 없어요.

대화의 기본은 '상대를 존중하는 것'입니다. 옥스포드 대학교에서는 어린아이를 대할 때도 '인격을 가진 완성된 인간으로서 대하라'라고 가르친다는 사실을 친한 선생님이 가르쳐주었습니다. 상대가 누구든 이런 마음가짐을 가지고 대해야 합니다. 늘 마음에 새기고 있으면 말투도 즉시 부드러워질 겁니다.

분노란 어떤 감각인지 생각해볼까요? '화나다'를 '속이 끓다'라고도 표현하고, 나쁜 감정이 가슴까지 이르면 '복장이 뒤집힌다'고도 합니다. 더 나아가면 '폭발한다'가 됩니다. 깊이 생각하기보단 머리가 즉각 반응해서 화를 터뜨리는 느낌입니다. 즉 어떤 말을 들었을 때 화를 낸다는 것은, 그를 음미한 다음 답하는 것이 아니라 감정에 휩쓸려 반응하는 것에 가깝습니다.

탈무드의 명언 중에 '자신의 말을 자신이 건너는 다리라고 생각하라'라는 것이 있습니다. 말하기 전에 말을 고르라. 늘 이것을 의식하면 그때그때의 감정으로 공격하는 일이 줄어들 것입니다.

천천히 시간을 두고, 뱃속에서 나오는 목소리로 이야기합시다. '감정에 기초한 말'이 아니라 '생각에 기초한 말'로 말할 수 있게 될 것입니다.

4초 만에 다른 사람이 될 수 있다

2006년, 난해하기로 유명한 도스토예프스키의 《카라마조프가의 형제들》이 일본에서 큰 인기몰이를 했습니다. 번역은 도쿄외국어대학교 학장인 가메야마 이쿠오龜山郁夫 선생님이 했습니다. SNS에서 쓰이는 살아 있는 언어를 참고해서 읽기 쉽고 친숙한 《카라마조프가의 형제들》로 완성시킨 것이 인기의 비결이었습니다.

당시 저는 사내 신문 편집을 맡고 있었는데, 마침 가메야마 선생님을 인터뷰할 기회를 얻었습니다. 그때 들은 선생님의 이야기 중에 굉장히 인상 깊은 구절이 있었어요.

선생님은 서로 다른 말투를 이용해 등장인물의 개성을 표현했는데 그중에서 경건한 말투를 구사하는 러시아 정교회의 성인인 조시마 장로에 대해 질문하자 이런 대답이 돌아왔습니다.

"지금까지의 장로는 '이 몸わし', '그러하오そうじゃ' 식의 근엄한 말투로 번역하는 것이 일반적이었습니다. 하지만 정말 지적 수준이 높은 사람, 예를 들어 노벨상 수상작가인 오에 겐자부로나 음악평론가 요시다 히데카즈의 말투는 대단히 상냥합니다. 다소곳하다고 해도 과언이 아닐 정도지요."

울컥했다, 욱한다, 짜증 난다, 화가 치민다, 소름끼친다, 아니꼽다. 이렇게 느낀 것을 그대로 입에 담으면 괜히 더 반감을 사는 말이 나오기 마련입니다. 그런 것을 '솔직하다'고 생각할지 모르지만 말로써 소통하는 사회에서는 불리한 표현에 불과합니다.

'감정에 기초한 말'이 입에서 나올 것 같을 때 4초 정도만 침묵을 지켜도 실제로 나오는 말과 목소리의 높이가 부드럽게 바뀝니다. 몸을 한 번 통과한 덕에 언어가 부드러워지는 것이지요.

세상에서 가장 중요한 이는 지금 눈앞에 있는 사람입니다. 인간관계를 개선하고 싶다면 눈앞의 사람과 몸을 거쳐 나온 말로 대화해야 합니다. 꼭 시도해보세요.

어미를 부드럽게 만들자

온화하게 말하는 비결

....

✉

진경 씨, 이번에도 빠른 답장 감사합니다. 일을 잘하는 사람은 역시 답장도 빠르군요. '짜증난 상태로 4초를 기다리려니 힘들었다. 괜히 더 화가 날 때도 있었다'고요. 혹시 숨을 참지는 않았나요?

4초 기다리는 동안, 깊이 호흡하세요. 그래도 화가 잦아들지 않는다면 하늘을 올려다보며 눈을 감고 뇌를 쉬게 합시다.

자, 오늘은 '공격적인 말투를 부드럽게 고치는 법'에 대해 구체적으로 이야기를 나눠봅시다.

단정 짓는 말은 공격적으로 들린다

우선 말해두고 싶은 것은 말의 공격성은 어미에서 드러 난다는 점입니다.

"~해", "~해라", "~해야 한다", "~는 있을 수 없다", "~가 아니면 안 된다". 앞에 오는 내용이 뭐든 간에 어미에 단정 짓는 말이나 명령어가 들어가면 공격적이라는 인상을 남 깁니다. 말의 칼은 어미에 달려 있습니다.

젊은 나이에 주간지 편집장이 되었던 한 친구는 가장 먼 저 고민했던 것이 메일에 쓰는 문장의 어미라고 했습니다.

상당히 강한 말투를 쓰는 사람이었는데 "~하세요"라고 할 부분을 "~해주실 수 있을까요?"라는 의문형으로 바꾸 었습니다. 내용은 같아도 '명령형'에서 '청유형'으로 바뀐 겁니다. 자기 마음 속에서는 이미 결정된 사항이라 "~입 니다"라고 할 부분도 일부러 "~겠네요"라고 쓰며 '확신 어 조'를 '확인 어조'로 바꾸었습니다. 이렇게 변화를 주자 부 하 직원들도 적극적으로 답신을 하게 되었습니다.

또, "고생이 많아요~", "힘냅시다~"처럼 "~"부호를 덧붙인 구어체 말로 문장에 부드러움을 더하기도 했습니다. 지나치면 너무 격의가 없어 보일 테니 주의해야 하지만, 말투가 공격적이라는 자각이 있는 사람은 시도해볼 가치가 있습니다.

또한 일방적으로 단정 짓는 말도 공격적이라는 느낌을 줄 수 있습니다.

"당연하잖아요?", "그건 아니죠!", "그러면 안 되죠", "무슨 말씀이세요!", "제대로 좀 합시다" 같은 말이 그렇습니다.

이렇게 말하고 싶어지는 상황도 분명 있을 테죠. 하지만 결국 말에는 자신의 주관이 들어갑니다. 나는 '당연하다'고 생각해도 상대에게는 '당연하지 않을' 사정이 있을 수 있습니다.

그럴 때 당연하지 않느냐며 상대를 몰아붙이지 말고, '제 입장에서 보면 당연하게 생각됩니다'라는 식으로 자신의 주관적인 의견임을 알리는 어조를 입히세요. 그러면 말의 칼날도 부드러워집니다. 단정 짓는 말은 공격적인 말임을 명심합시다.

"지금 그 말에 상처 받았습니다."

마지막으로 상대방이 공격적인 말투로 몰아칠 때의 대처법을 생각해보지요.

그런 때는 상대의 말이 나에게 어떤 감정을 주었는지 확실히 표명합니다.

"저 지금 그 말에 상처 받았어요."

"그렇게 말씀하시다니 충격이네요."

"설마 그렇게 생각할 줄은 몰랐어요. 좀 놀랐습니다."

이렇게 말하면 상대방 역시 "상처 받다니 이상하다", "충격이라니 무슨 문제 있는 거 아니냐"라고는 받아치지 못합니다. 타인의 감정이 어떻게 움직였는지까지 왜곡할 수는 없기 때문이지요. 상대방을 상처 입힌 자신의 말을 반성할 수밖에 없습니다. 반성까지는 하지 않더라도 '지금처럼 말하다간 위험하겠다'는 자각은 얻을 것입니다.

그리고 감정을 밝힐 때는 침착하게 말합시다. 자신의 감정을 응시하며 '나의 마음은 지금 그 말로 상처 입었다

고 당신에게 전달합니다'라는 느낌으로 흥분을 가라앉히
고 말하는 것이 효과적이에요. 그러면 상대방 역시 감정
을 누그러뜨릴 수밖에 없습니다.

　상대방의 강한 말투에 대답할 때는 "안타깝습니다", "슬
픈 기분입니다" 등 지금의 감정을 언어화해서 표현합시
다. 이를 통해 서로 적절한 거리를 유지하며 이야기할 수
있게 됩니다.

활용도 200%의
고민 상담술

청중의 마음을 뒤흔드는 문장을 쓰는 것만이 스피치라이터의 일은 아니다. 기업이나 행정기관, 대학교, 초중학교에서 말과 관련된 강의를 하고 있으면 매우 다양한 고민을 듣게 된다. '다음 선거에서 무엇을 호소해야 할 것인가'라는 정치인의 고민부터 '아이가 밥을 너무 늦게 먹어서 급식 시간이 모자랄 것 같다'는 학부모의 고민까지. 내안에서 이 고민들 사이에 우열은 없다. 다만 고민 해결에 도움이 될 만한 조언을 되돌려줄 뿐이다. 물론 제대로 되돌려주지 못할 때도 왕왕 있지만, 그 시점에서 내가 보낼 수 있는 가장 좋은 공을 상대에게 던져주려 한다.

◌ 상담에 응할 때의 기본 형식

상담할 때 참고가 되었던 것은 심리학자 알프레드 아들러Alfred Adler의 말이었다. 그가 주창한 '격려'는 스스로 자신의 과제를 해결할 수 있는 용기를 주는 일이다. 다른 사람의 조언만으로 모든 것을 해결할 수는 없다. 스스로 해결할 수 있다는 용기를 갖지 못한다면 결국 타인에게 기대기만 하는 의존형 인간이 된다.

나는 아들러의 말을 빌려서 '격려'에 이르기까지의 흐름을 상담의 기본 형식으로 만들었다.

공감 → 수용 → 제안 → 격려

의 순서로 이야기하는 것이다.

우선은 '공감'이다. 간단히 말하면 '그 기분 알아요'라는 시선을 갖추는 것이다. 상담을 신청해온 이가 높은 지위에 있는 사람이라고 해서 비위를 맞추지 말고, 작은 아이라 하여도 우습게 여기지 않는다. 고민에 공감하는 것에서 상담은 시작된다.

다음으로는 '수용'이다. 단순히 받아들이는 것이 아니라 자신의 경험 안에서 비슷한 기분을 맛보았던 때를 찾는 것이다. 상대의 고민과 유사한 경험을 떠올리며 '사실은 나에게도 이런 일이 있었지'라고 그 당시의 감정에 잠긴다. 물론 상대방과 완전히 똑같은 경험을 했을 수 없다. 하지만 "네 이야기는 지루해", "무슨 소리를 하는지 전혀 모르겠어"라는 말을 듣거나 아무리 제출해도 기획이 통과되지 않아 다른 사람을 부러워했던 경험은 얼마든지 있다. 그때의 상황을 생생하게 떠올리면서 그 위기에서 어떻게 빠져나왔는지 진지하게 생각한다.

세 번째는 '제안'이다. 비슷한 일을 과거에 극복한 경험, 괴로울 때 들었던 말, 책에서 보고 시도해봤더니 성공했던 노하우를 떠올리며 구체적인 행동을 조언한다. 꼭 큰 결심을 하고 도전해야 하는 일은 아니다. '어디 한번 해볼까?'라는 생각이 드는 정도의 일, 실패해도 괴롭지 않을 정도의 힌트나 비법을 알려주는 것이다.

이제 마지막으로 '격려'다. 강요하거나 무시하는 태도가

되지 않도록 주의한다. 잘 풀려서 성공한 모습을 상상할
수 있도록 용기를 북돋는다.

· 그 기분 알아. → 공감

· 나도 비슷한 일이 있었거든. → 수용

· 우선은 이런 일부터 시작하면 어떨까? → 제안

· 잘 되면 이런 세계가 펼쳐질 거야. → 격려

이 네 가지 항목에 따라 상담을 진행한다.

이 책에 나오는 고민 의뢰인의 상담이 모두 이 형식을
따르지는 않았다. 책의 특성상 '제안'에 페이지를 할애했
다. 하지만 편지나 메일에 담지 않았을 뿐 기본은 공감하
고 수용한 다음 해결법을 제안하고, 마지막에 한 줄이라
도 격려의 말을 넣으려 했다. 모두 이 형식에 맞추어 답장
을 쓰고자 했다.

무엇보다 중요한 것은 모든 편지와 메일을 러브레터라
고 생각하는 것이다. 상담이라는 것은 '정신의 스킨십'이
다. 상담에 응하는 것은 어렵다. 하지만 상담에 응하는 것
이상의 커뮤니케이션을 나는 알지 못한다.

16

한참 어린 부하 직원을 대하는 절대 규칙

> "아주 잘했어요!"
> "아, 네……."

고민 의뢰인
박우석(53세)

우석 씨는 주택 리모델링 회사의 영업부장으로 열세 명의 부하 직원을 두고 있다.

"중간층이 모두 그만두는 바람에 직원들의 나이가 한참 어려졌는데 어떻게 대화를 이어가야 할지 모르겠습니다. 너무 조용한 것도 성에 차지 않고, 무얼 물어도 "아, 네…….", "괜찮습니다"라고 답할 뿐입니다. 뭐가 네고 뭐가 괜찮은지 전혀 모르겠어요."

부하 직원과 원활한 커뮤니케이션을 하고 싶다. 우석 씨의 바람은 이것뿐이다.

"주위를 보면 저와 동년배인데 나이 어린 직원과 잘 지내는 사람도 있습니다. 요즘 젊은 친구들이 좋아할 만한 것을 공부하기도 하고, 커뮤니케이션에 관한 책도 읽었어요. 하지만 막상 실천하면 당황스럽다는 얼굴이 돌아올 뿐이에요. 업무 소통이라곤 부하 직원들이 보내는 대량의 메일을 읽는 것으로 끝납니다. 자괴감에 빠질 것 같아요."

우석 씨는 이렇게 말하며 젊은 사람들과 소통하는 법에 관해 물었다.

동료의식은 옆으로 치우자

부하 직원과의 커뮤니케이션

우석 씨, '한참 어린 부하 직원과 소통하는 방법을 알고 싶다'는 말씀 잘 읽었습니다. 힘드시겠어요.

그런데 메일을 읽고 다소 긴장하고 계신 것은 아닌가 하는 생각이 들었습니다.

상대에게 맞출 수는 없습니다. 또 그럴 필요도 없어요.

젊은이의 언어를 무리해서 쓰지 않는다

지금 대학에서 제 수업을 듣는 학생과 저 사이에는 상당한 나이 차가 있습니다. 무리해서 "대박!"이라고 말했더니 이런 반응이 돌아오더군요.

"교수님이 쓰시는 '대박'의 의미를 모르겠어요. '대박'은 상황에 따라 의미가 바뀌거든요. '오늘 학식 메뉴 대박'이라고 똑같이 표현할 수 있지만, 실제로 억양을 들어야 학식이 맛있다는 건지, 맛없다는 건지 알 수 있어요."

학생의 말에 따르자면 의뢰인의 부하 직원이 말하는 "괜찮습니다"는 부정의 의미입니다. '상관하지 마세요'라는 느낌을 담고 있다고 합니다.

동료와 관계가 깊어지면 말은 '맥락'으로 진행되곤 합니다. 대화의 전제가 되는 환경이 서로 가까우니 이심전이 통하는 것입니다. 공부까지 해서 부하 직원들의 동료가 되려고 애써 본들 성공할 수 없을 것입니다. 그들은 우리를 좀처럼 '동료'라고 인정해주지 않습니다. 사실은 무리해서 그 사이에 끼려고 할 필요도 없고요.

상사티를 내지 않는다

학생이나 젊은 사람들과 만날 때 정해둔 것이 있습니다. '사생활을 침범하지 말 것'입니다. 그 사람의 성장 과정이나 생활 주변의 일은 물론이고, 성격과 인격에 대해서도 말하지 않습니다. 선을 긋는 것입니다.

'상사'는 언제나 부하직원을 가르치고 싶어 합니다. 매일 어떻게 생활하는지 걱정하면서 한 세대 전처럼 함께 술을 마시러 갈 수 있는 동료가 되고자 하죠. 이런 마음이 들면 업무를 떠나 상대방의 사생활에 발을 들여놓게 됩니다. 많은 젊은 세대가 이런 무신경함을 꺼립니다.

예전에는 회사의 인간관계가 생활의 대부분을 차지했습니다. 하지만 지금은 가상 세계에서도 인맥이 형성되면서 다양한 만남과 모임의 장소가 생겨났습니다. 회사원이면서 부업을 하는 것이 당연한 세상에서 회사의 인간관계는 한 개인이 갖는 인간관계의 일부에 지나지 않습니다.

그들에게는 고민을 털어놓을 사람도, 마음을 터놓고 함께 술을 마실 사람도 이미 있습니다. 회사는 자신의 능력을 향상시켜서 돈을 버는 장소로 생각하는 사람이 대단히 많다는 이야기입니다. 필요 이상으로 사생활을 탐색해서 '나는 너의 이런 부분까지 알고 있지'라는 식으로 윗사람 티를 내면 환영받지 못합니다. 즉, 상사처럼 굴지 말라는 이야기입니다.

업무 이야기를 하면서 능력 향상을 화제로 삼거나 조직에 관한 상담을 들어준다면 물론 환영받을 것입니다. 하지만 사생활에 관한 부분은 상대가 먼저 말하기 전에는 캐묻지 맙시다. 꼭 명심하길 바랍니다.

내 이야기를 들려주고
싶은 욕구를 참아라

이야기를 듣고 싶게 만드는 대화술

⊠

우석 씨, '너무 챙겨주려는 마음에 그만 사생활에 관한 질문을 했을지도 모른다'는 말씀 읽었습니다. 어쩔 수 없는 일이지요.

우석 씨가 젊었을 때는 일이 끝난 다음 상사와 함께 회식하러 가서 사생활을 터놓는 것이 당연했습니다. 그러면서 유대감을 키우는 것이 인간관계의 자연스러운 흐름이었어요. 지금도 그런 사람이 없다고는 할 수 없으나 점점 소수가 되어 가는 것은 분명합니다.

자, 이번에는 '회의나 정기보고를 시작할 때 어떤 말을 해야 젊은이들도 주목할까?'라는 주제군요. 주목을 끌 이야기를 알아보기 전에, 듣고 싶지 않은 이야기는 과연 무엇인지 명확히 해볼까요?

나의 과거는 말하지 않는다

우선은 상사의 자랑담입니다. 옛날의 성공 경험을 꺼내와서 얼마나 큰 곤경을 헤쳐왔는지 말하는 것을 가리킵니다. 상사는 이 이야기가 분명 부하 직원에게 참고가 되리라는 생각에 말합니다. 하지만 스마트폰이 등장하며 업무뿐 아니라 생활양식까지 격변한 마당에 지난 시대의 성공담은 본인이 생각하는 것만큼 부하 직원에게 큰 도움이 되지 않습니다.

또 하나는 '자기 이야기'입니다. 사람은 자기 이야기를 들려주는 것을 매우 좋아하는 존재예요. 자기 이야기를 털어놓음으로써 스스로가 개방적인 사람이라는 것을 알리고 싶어 하기도 하고요. 하지만 직장에서 할 이야기는 아닙니다.

이런 종류의 이야기를 시작하고 말았을 때는 '이 이야기 벌써 세 번은 들었을 거야'라고 자신을 다스리고 바로 정리해야 합니다. '자랑담'과 '자기 이야기', 즉 자신의 과거는 말하지 마세요.

꼭 말해야 한다면 '실패담'을 이야기하는 것이 낫습니다. 듣는 사람에게는 그 편이 유익할 거예요.

이야기는 상대에게 보내는 선물

그렇다면 회의나 정기보고를 시작할 때 어떤 이야기를 꺼내면 좋을까요? 그것은 바로 '해보고 싶다'는 마음을 심어주는 유익한 팁이나 요령입니다.

"헤밍웨이는 서서 원고를 썼다고 합니다. 업무 효율이 떨어질 때는 우리도 한번 서보는 것도 좋겠습니다."

"사람을 설득할 때는 70퍼센트는 강하게, 나머지 30퍼센트는 약하고 부드럽고 작은 목소리로 속삭이듯 말하면 좋다고 합니다."

"마더 테레사에게도 싫은 사람이 있었습니다. 마더 테레사는 그 사람을 보고 다섯 번 웃으려고 노력했습니다."

이런 생활의 지혜나 업무 요령을 백 개, 이백 개 모아서 언제든 꺼낼 수 있게 준비하는 건 어떨까요? TPO시간, 장소, 상황를 고려해서 지금 부하 직원에게 필요한 유익한 정보를 바로 말할 수 있도록요.

이야기는 상대에게 보내는 '선물'입니다. 상대가 '이런 이야기를 듣다니, 운이 좋다!'라고 생각할 수 있는 내용을 담읍시다. 부하 직원을 움직이는 힘은 거기에서 생겨납니다.

풍경이 떠오르는 말을
손에 넣자

더 듣고 싶은 이야기를 만드는 비법

우석 씨, '그런 교훈담이 자기 지식을 자랑하는 것처럼 들리지 않겠느냐'는 질문 잘 받았습니다. 분명 그럴 위험이 있습니다. 말할 때 요령이 필요하지요.

'오늘은 이런 팁을 가르쳐주겠다'라는 태도가 아니라, 부하 직원과 같은 입장에 서서 '나도 몰랐는데 말이야, 이런 게 있더라고. 쓸 만할 것 같은데?'라며 조금 먼저 알게 되었다는 식으로 말해보세요. '나 역시 바로 얼마 전까지는 몰랐던 사람'이라는 자세로 이야기하는 겁니다.

이번에는 '사람을 끌어당기는 이야기 법'에 관한 레슨입니다. 소개해드릴 것은 바로 귀신 이야기예요.

괴담에서 배워야 할 것

일본 에도 시대를 배경으로 한 '접시 저택' 괴담을 하나 소개하겠습니다.

"옛 도쿄, 에도의 어느 저택에 오키쿠라는 아름다운 하녀가 있었다. 하지만 저택 주인과 마님은 모두 냉정한 구두쇠였다. 게다가 마님은 남편이 젊은 오키쿠에게 마음이 있다는 것을 알고 있었다. 그러던 어느 날, 오키쿠가 가보인 접시를 깨고 말았으니 보통 큰일이 아니었다. 마님은 오키쿠의 머리채를 잡아 끌었고, 오키쿠에게 흑심을 품고 있던 주인은 속내를 들키지 않으려고 누가 시키지도 않았는데 오키쿠의 가운데 손가락을 똑 잘라버렸다. 불쌍한 오키쿠는 우물에 몸을 던지고 말았다. 그 후로 매일 밤마다 '한 장, 두 장, 세 장……, 아홉 장. 아아, 원통하구나' 하는 소름 돋는 목소리가 우물 바닥에서 들려오게 되었다."

괴담의 가장 큰 특징은 마치 그 장면을 직접 보고 온 듯한 말투로, 등장인물의 표정이나 배경을 묘사해서 무서움을 최고조로 이끄는 것입니다. 괴담에는 숨죽이고 귀를 기울이게 하는 절묘한 구성력과 표현력이 있지요. 한번 듣기 시작하면 '다음은 어떻게 되는 거야?' 하면서 계속 듣고 싶어집니다.

'장면과 대화'를 넣는다

이번에는 귀신 이야기의 흐름을 일상 대화에 응용하겠습니다. 핵심은 '장면 묘사'와 '대화'입니다.

예를 들어 부하 직원에게 경쟁 프레젠테이션에서 승리했단 소식을 알린다고 해봅시다.

"오늘 아침 이광전기에 다녀왔어요. 담당자인 김정원 씨가 입구까지 나오셨더라고요. 싱글싱글 웃으면서 '앞으로 잘 부탁드립니다!' 하더니 악수를 청하는 거예요. '솔직히 말씀드리자면 다른 회사를 추천하는 의견도 있었습니다. 하지만 마지막에는 역시 우석 씨 영업팀과 함께 일하고 싶다는 목소리가 높았어요'라며, 정식 결과를 듣기 전에 정원 씨가 입구에서 먼저 알려준 거예요. 한시라도 빨리 전하고 싶은 마음이 절절하게 느껴졌어요. 축하합니다, 우리가 이겼어요. 모두들 고맙습니다."

회사 입구라는 배경과 담당자의 말 등을 넣으며 희소식을 전한다. 그저 "따냈습니다. 여러분 감사합니다"라고만 하는 것과 상당히 다르게 들릴 것입니다.

결정된 사실을 담담하게 전할 뿐이라면 메일로도 충분해요. 하지만 통솔하는 입장에 선 사람으로서 사실을 전하는 한편 직원들의 사기도 진작하고 싶다면 다음을 듣고 싶고, 그 자리에 있었던 것처럼 느끼게 만드는 화법을 써야 좋습니다. 귀신 이야기에서 그 방법을 배우길 권합니다.

언뜻 무심하게 보이는 부하 직원들도 말하는 방식이 바뀌면 분명 감정을 터놓을 것입니다.

17

꺼지려 하는 자존감 스위치를
켜주는 격려 기술

"상대가 자존감이
낮으면 어떻게 격려해야
할지⋯⋯."

고민 의뢰인
안미진(35세)

미진 씨는 사립 중학교 교사로 올해는 2학년 담임이 되었다. 우수한 학교라 학생들도 모두 자신감이 넘칠 거라고 생각했는데 그렇지 않았다.

"상상과 반대였어요. 주위에 우수한 사람이 많으니까 '나 같은 건 안 돼'라고 걱정하거나, 자존감이 낮은 아이들이 많아요. 얌전하고 좋은 아이들인데 사소한 일로 풀이 죽을 때도 많습니다. 어떻게 격려해줘야 할까요?"

미진 씨는 조금이라도 신뢰받는 선생님이 되고 싶다. 아이들을 잘 격려해주고 싶어서 교육 세미나에도 참가한다. 하지만 학생들은 '우리를 선생님의 실험대상이라고 생각하지 마세요!'라는 듯 얼굴을 찡그린다.

'중2병'이라는 말이 있을 정도로 대하기 어려운 시기의 아이들. 사실 이 연령대뿐 아니라 지금은 모든 사람들의 자아존중감이 낮아져 있다. '나 같은 건 어차피……'라며 포기하는 사람에게 어떤 말을 건넬 수 있을까? 오랜 시간 동안 많은 학생과 사회인을 격려해온 저자에게 그 비법을 묻는 상담 편지가 도착했다.

자기효용감을 높이는
격려로 바꾸자

자존감을 높이는 방법

미진 씨, 교육자답게 단정한 글씨로 써주신 편지, 감사합니다. 계절과 어울리게 단풍을 곁들인 편지지도 아름다웠습니다.

'자존감을 높이는 말'에 대해 이야기해볼까요?

'자존감'이라는 말을 조사했더니 이 단어가 세상에 나온 시기가 1990년대 중반이었습니다. 일본에서는 버블경제가 붕괴한 후 '구조조정'이라는 말이 유행했어요. 거기에 대지진과 잔혹한 사건들이 연이어 발생하는 가운데

'나는 나로서 충분하다'며 자신의 존재를 적극적으로 평가하고자 하는 개념으로 '자존감'이 등장한 거예요.

그런데 잘 살펴보면 이 말은 '자존감이 낮다'는 식으로 부정적인 단어와 함께 사용되는 일이 많습니다. 20세기에서 21세기로 넘어오는 동안 자신의 존재를 긍정할 수 없게 된 사람들이 많아졌습니다. '자존감'이라는 개념을 쉽게 쓰고 그 말이 안이하게 유행한 결과, 오히려 많은 이들이 '나는 자존감이 낮아'라고 생각하게 된 것입니다. 결국 '나는 다른 사람과 비교해 쓸모 없어', '나만의 가치를 찾을 수 없어'라는 생각에 이르게 되지요.

"고마워"의 효과는 나중에 나타난다

'자존감'이 낮은 상태의 사람에게는 어떤 말을 걸어야 할까요? 이번에 전하고 싶은 말은 이것입니다.

"고마워".

상담 중 한 어머니에게 이런 이야기를 들은 적이 있습니다. 아이가 초등학생인데 예민하고, 자신감이 부족하며, 자존감도 낮은 것 같아 걱정이 이만저만이 아니었답니다.

어느 날, 감 껍질을 벗기고 있는 것을 아이가 가만히 보고 있길래 어머니는 별 생각 없이 아이에게 껍질 까는 법을 알려주었습니다.

"안 할 줄 알았는데, 무슨 변덕인지 자기도 까기 시작하더라고요. 깜짝 놀랄 만큼 손끝이 야무졌어요."

어머니는 자기도 모르게 "잘하네! 정말 고마워!"라고 말했습니다. 그 후 어떤 일이 일어났을까요? 다음날 아이는 누가 시키기 전에 감 껍질을 까기 시작했습니다. 나중에는 아보카도 껍질을 벗기는 법도 배웠다고 해요.

이 이야기에서 짚고 넘어갈 것은 어머니의 말이 "잘하네!"로 끝난 것이 아니라 "고마워!"로 이어졌다는 점입니다. "잘하네!"는 남을 평가하는 말입니다. '나는 너의 껍질 까는 솜씨가 훌륭하다고 인정했다'라는 것이 이 말의 본질입니다. 사실은 칭찬한 것이 아닌 셈이에요.

하지만 "정말 고마워!"가 붙음으로써 아이는 '아, 나도 다른 사람에게 도움이 되는구나'라고 생각할 수 있었습니다. 타인의 평가로 자신의 가치를 결정하는 '자기효용감'이 충족된 것입니다.

네가 있어서 다행이야

제가 생각하기에 '자존감을 향상시킬 수 있는 말'이란 애초에 존재하지 않습니다. '너는 너로 충분해'라고 격려하면 격려할수록 '아무것도 모르는 주제에 적당히 말하지 마'라며 자기만의 껍질 속에 틀어박힐지도 모르죠. 그 껍질을 깰 마법의 말은 없습니다.

미진 씨가 교사로서 할 수 있는 일은 학생이 누군가에게 도움이 되는 행동을 했을 때 이렇게 말해주는 것입니다.

"○○가 ○○해준 덕분에 모두 ○○하기 편해졌어. 큰 도움이 됐어, 고마워."

누구에게 어떤 식으로 도움이 되었는지 확실히 밝힙니다. 그리고 마지막에 "고마워"라고 인사하세요. 이것이 마음을 움직이고, 자존감을 높여줄 것입니다.

대하기 힘든 나이의 아이들을 포용하는 것은 보통 일이 아닙니다. '너희 모두는 누군가에게 도움이 될 수 있다'는 사실을 전할 수 있는 선생님이 되길 기원합니다.

듣고 싶지 않을 말은 지우자

역효과를 내는 격려의 말

....

미진 씨, 편지 감사합니다. 잉크 색이 참 멋지군요. 이끼처럼 깊고 농담濃淡이 있는 녹색. 마음이 색으로 표현되어 있음을 느꼈어요.

"덕분이야! 고마워!"를 많이 쓰게 되셨다니 기쁩니다.

이번에는 '해서는 안 되는 격려의 말'을 알려드릴게요. 어떤 격려의 말은 타인에게 상처를 주기도 하는 것을 경험했습니다. 이번에는 그에 대해 써보겠습니다.

워스트는 바로 이 말!

신장암을 앓은 적이 있습니다. 그때 놀랄 만큼 많은 사람이 "신장은 두 개라 다행이네"라고 말했습니다.

말한 사람은 용기를 주고 싶었을 거예요. 하지만 마치 "신장은 하나만 있으면 되지"라는 말을 들은 것 같아서 기분이 상했습니다. "~라 다행이다"라는 격려의 말은 당사자의 입장에 서볼 마음이 없는 말입니다.

"힘내" 역시 듣기 힘들었습니다. 힘낼 여지가 있다면 그나마 다행이지만, 보통 힘을 내었어도 이제는 스스로 어쩔 도리 없는 상황에 빠진 경우가 대부분이니까요.

요즘은 이 "힘내"라는 말이 많은 이에게 상처를 줄 수 있다는 점이 널리 알려졌지요. 그래도 힘들 때 가벼운 인사를 하듯 "힘내♡"라는 말을 건네는 사람이 있습니다. 섬세함이 부족한 사람이라는 생각이 듭니다.

"뭐 필요한 거 있어?"

물론 듣고 기뻤던 격려의 말도 있습니다.

동기가 병문안을 와주었습니다. 인사도 없이 싱글싱글 웃더니 갑자기 "뭐 필요한 거 있어?" 하고 묻더군요. 마침 마실 물이 없어서 난처하던 참이었습니다. 그렇게 말했더니 "그래?" 하고 병실을 나갔습니다.

잠시 후 돌아온 그는 웃는 얼굴로 "자, 여기!" 하면서 편의점 비닐봉투를 내밀었습니다. 면회 시간이 짧아서 무슨 이야기를 나누었는지도 기억나지 않지만, 좋은 사람이라고 생각했던 마음만은 계속 남아 있어요.

"뭐 필요한 거 있어?" → 행동한다

이 일련의 동작 속에 '나는 네 편이야', '빨리 좋아지길 바라, 기다리고 있어'라는 말이 모두 들어 있다고 느꼈습니다. 이것이 바로 '격려'가 아닐까요?

여기까지 제 경험을 바탕으로 '격려하는 말'에 대해 생각해봤습니다. 하지만 '격려'에서 말이 차지하는 비중은 전체의 10퍼센트 정도라고 생각해요. 나머지 90퍼센트는 힘들어하는 사람을 위한 행동으로 채워야 합니다. 같이 이야기하고 밥을 먹으며 함께 있어주는 것이 곧 '격려'입니다.

　작가 헤밍웨이Ernest Hemingway는《노인과 바다》에서 "하루하루가 새로운 날이 아닌가"라고 말했습니다. 아무리 어두운 밤이 와도 해는 다시 떠오르니, 그 암흑의 시간에 함께 있어주는 일. 매우 힘든 일임엔 틀림없지만 교사는 이런 암흑을 함께 견디어 주는 전문가라고 생각합니다. 미진 씨가 좋은 선생님이 되길 바랍니다.

'친구'라고 부르자

어떻게 다가설 것인가

미진 씨, "무의식중에 '~라 다행이다'라는 격려를 쓰고 있었다"고요. 그럴 수 있습니다. 저 역시 병에 걸리고서야 깨달았으니까요. 무슨 일이든 직접 겪지 않으면 알 수 없어요.

오늘은 '격려할 때 좋은 마음가짐'에 관한 레슨입니다. 이번에도 제 경험을 바탕으로 이야기하겠습니다.

친구잖아, 망설일 필요 없어

어떤 일을 실패한 후 정신적으로 상당히 궁지에 몰렸던 시기가 있었습니다. 몸의 절반에서 땀이 나오지 않았고, 위가 텅 비어 있는데도 구역질이 멈추지 않았습니다. 공포와 불안감이 정신을 좀먹고 있었다고 할까요.

그런 때 메시지가 왔습니다. 어느 대학에서 학부장으로 일하고 있는 지인이 만나자는 것이었어요. 무시할 수는 없었지만, 솔직히 말해 내키지 않았습니다. 하지만 이대로 혼자 있으면 내가 나에게 무슨 짓을 할지 알 수 없었습니다. 그것을 피하기 위해 밖으로 나가기로 했습니다.

지인은 입을 열자마자 바로 이렇게 말했습니다.

"다 얘기해봐요. 친구잖아요. 망설일 게 뭐가 있어요?"

'친구'. 이 단어가 대단히 신선하게 느껴졌어요. 저는 이 사람을 뛰어난 학자라고만 생각했습니다. 그러니까 경원하는 마음도 있었고, 털어놓지 못할 말도 있었습니다. 앓는 소리를 할 때도 전부는 말하지 못했습니다.

하지만 지인은 이렇게 말했어요.

"친구와 이야기하세요. 신뢰할 수 있는 친구와요. 이야기를 한다는 것은 대단히 힘든 일이에요. 보통 일이 아니죠. 하지만 거기서 나오는 힘으로 바다 밑에 가라앉아 있던 몸을 떠오르게 할 수 있어요. 수면 위로 오르면 분명 또 다른 풍경이 펼쳐질 거예요."

이 말을 듣고 이야기를 시작했습니다. 마음속에 쌓여 있던 끈적한 고름처럼, 검고 무거운 말, 짓무른 생각, 피를 뿜는 감정을 단숨에 쏟아냈습니다. 괴로운 작업이었지만, 말을 내뱉으니 정말 몸이 가벼워졌고, 수면 위를 향해 나가는 듯한 상쾌함을 느낄 수 있었습니다.

친구가 되어 격려하라

이번에 전하고 싶은 말은 바로 '친구'입니다.

누군가를 격려할 때 가장 먼저 해야 할 일은 직함, 상사, 선생님, 학생, 부모, 친한 관계, 질긴 인연, 남자, 여자, 나이, 사귐의 기간 같은 것을 전부 떼어내 버리고 '신뢰할 수 있는 친구'가 되는 것입니다.

그런 사람이 이야기를 들어주면 자신이 놓인 입장을 따지며 하는 이야기, 내 생각, 내 심정, 내 상황을 모두 버리고 어두운 바다 밑에서 말의 힘을 통해 떠오르는 존재가 될 수 있습니다.

이 일이 있은 이후 저는 거래처, 상사, 남자, 여자, 노인, 어린이 같은 입장을 떠나 모든 사람을 '친구'로서 대하고 싶다고 생각하게 되었습니다.

미진 씨는 학생에게 '선생님'입니다. 하지만 그 입장을 고수하면 학생이 미진 씨에게 말할 수 없는 얘기가 많을 거예요. 꼭 '친구'라고 소리 내어봅시다.

학생의 '신뢰할 수 있는 친구'가 되는 것입니다.

18

의지할 수 있는 리더가 되는 단 3가지 규칙

"리더다운 말투를
익히고 싶습니다!"

고민 의뢰인
심유리(22세)

유리 씨는 서울 안에 있는 여대를 다니고 있다. 연구회 리더, 홍보위원회 서브리더, 그리고 가을에 열릴 학교 축제의 실행위원장으로 일하느라 대단히 바쁘다.

자기주장이 강한 성격이라 자꾸 리더 자리에 추천받는다. 하지만 유리 씨는 "회의를 진행시킬 능력이 없는 것 같아요. 의견을 종합하지 못한 채 결론 내리면 반드시 나중에 불만이 나옵니다. 참가자가 아무 말도 안 하는 회의도 많아서 고민이에요"라고 말한다.

　모처럼 학교에서 요직을 맡게 되었으니 회의를 진행시킬 힘이 있는 리더가 되고 싶다. 건설적인 토론의 장을 만들고 싶고, 할 마음이 없는 사람의 의욕도 끌어 올리고 싶다.
　하지만 대학생이 쌓아 온 경험이란 그리 대단치 않고, 비즈니스의 세계는 아직 모른다. 마침 구직 활동을 해야 할 날도 가까워지고 있다. 이런 상황 속에서 회의 중 리더십을 발휘할 수 있는 비결을 물었다.

참가자가 말하게 하자

서로 다른 의견을 조율하는 법

유리 씨, 오랜만이에요. 지난번에는 '홍보위원' 세미나에 초대해주어서 고마웠어요. '회의를 진행시킬 힘이 없다'는 사람이라고는 믿기지 않을 정도로 완벽한 진행이었습니다.

자, 질문에 대답해볼까요?

'분열된 의견을 조율하는 방법'이 궁금하단 것이군요.

자기 목소리를 들으면 자제력이 돌아온다

요즘 사회 전체에 '이분법적 대립'이 만연하고 있습니다. 대립을 조장하고 일부러 적을 만듭니다. 그 적을 공격하면서 내 편을 늘리고, 승자는 하고 싶은 대로 행동합니다. 하지만 이런 방법은 곧 벽에 부딪히기 마련입니다. 아무리 노력해도 구성원의 반이 불만을 가지고 있는 셈이니까요.

유리 씨가 소속되어 있는 위원회도 지금 이런 대립 상황에 빠져 있다고 할 수 있겠지요. 이 상황을 타개하려면 위원장으로서 어떻게 회의를 진행해야 할까요?

결론부터 말하면 '리더는 말하지 않는다'입니다. 바꿔 말해 참가자에게 말을 시켜야 한다는 것입니다.

언젠가, 친분이 있던 건설회사 사장이 이렇게 말했습니다.

"고승 나카무라 고류의 책에는 사람은 누구든 '불성佛性'이라는 부처님의 본질을 가지고 있다고 해요. 고민되거나 이해할 수 없는 일이 이어지면 '불성'이 보이지 않게 되지요. 하지만 누군가 이야기를 들어준 다음 답을 해주고, 또 자기가 대답하는 것을 들으면, 목소리가 다시 자기 안으로 돌아옵니다. 이것을 반복하는 사이 '불성'이 눈을 떠서 스스로 해결책을 찾을 수 있다는 거예요."

즉, 말하고 싶은 만큼 말하다 보면 자신의 목소리를 듣고 '모순점이 있다', '결점이 있다'라고 내심 생각하게 됩니다. 그것을 반복하면서 스스로 대답을 찾게 된다는 것입니다.

유리 씨에게 권하고 싶은 것도 이 방법입니다. 우선 참가자들이 말하게 하세요. 애매한 지점에서 한쪽 편에 가담하는 발언도 하지 말고, 의견을 조율하려고도 하지 마세요. 어느 쪽에도 굴하지 않는 강함을 가지고 쌍방의 의견을 경청하는 것입니다.

서로가 '내 의견은 아무래도 자기중심적인 것 같다'는 것을 깨닫게 될 때까지 말하게 둡시다.

"하고 싶었던 말씀은 ○○로군요."

물론 그렇게만 끝내서는 안 될 겁니다. 리더의 자리에

있는 사람에게는 해야 할 말이 있습니다.

"지금 말씀하고 싶었던 것은 이런 내용이군요"라며 멤버의 의견을 짧은 문장으로 정리해서 조금 큰 소리로 말합니다. 자기가 한 말을 타인이 잘 정리해서 소리 내어 말하면 '그 말 그대로다'라고 말할 수밖에 없어집니다. 그것이 리더의 권위입니다.

'계속 발언하게 만드는 능력'과 '그 발언을 짧은 문장으로 정리하는 능력'이 리더의 조건입니다. 늘 중립적인 입장에 선 유능한 조율자를 떠올리세요.

리더는 자기 의견을 거침없이 쏟아내는 사람이 아닙니다. 어느 주장에도 영합하지 않고, 참가자가 스스로 모순과 편견을 알아차릴 수 있게 만드는 사람이 바로 리더입니다.

모두에게 '딱 좋은' 지점을 찾자

반대하는 사람에게 대응하는 법

✉

유리 씨, '어떻게 수습해야 하나, 어떻게 설득해야 하나, 이렇게 내가 해야 할 말만 생각하고 있었다'는 답장 잘 받았습니다. 그것도 중요한 일입니다. 하지만 리더는 회의를 펼칠 힘과 접을 힘을 동시에 갖춘 사람이라는 점을 기억하세요.

이번에는 '반대하는 사람에게 대응하는 법'을 말씀드릴게요. 어려운 문제지요. '정답'이 있다면 AI로 간단하게 해결할 수 있어요. 하지만 우리 인간에게 주어진 과제는 궁

정도, 부정도 할 수 없는 문제뿐입니다. 유리 씨도 그렇게 느끼고 있을 거예요. 정치, 경제, 교육, 생활 방식, 모두가 '이거다!' 하는 정답이 없는 것들뿐이에요.

지금 우리가 놓인 세상은 의견이 맞지 않는 사람과도 더불어 살아가야 하는 곳이라는 점을 인정해야 합니다. 그러니까 지금은 하나의 '정답'이 아니라 한 사람이라도 더 많은 이가 받아들일 수 있는 '납득되는 답'을 찾아야 해요. 유리 씨도 대학에서 체험을 통해 이런 것을 배우고 있을 거예요.

이런 상황에서 리더는 어떤 태도를 가져야 할까요?

찬성과 반대를 포섭하는 해결법을 찾는다

유교나 아리스토텔레스의 가르침 중 '중용中庸'이라는 것이 있습니다. 어렵다고 꺼릴 것 없어요. '모두에게 딱 좋은 것은 무엇인가?'를 생각해서 그때그때 가장 적절한 답을 찾아가는 것이 중용입니다.

'모두에게 딱 좋은 것'을 이끌어내기 위해서는 찬성 의견과 반대 의견 중 어느 쪽이 이겼고 다른 쪽은 졌다고 결정짓는 세계에서 벗어나야 합니다. 다수결로 정하는 것이 아니라 모두에게 '딱 좋은 것'을 전원이 함께 찾을 필요가 있습니다.

이를 위해 추천하고 싶은 방법은 철학자 헤겔이 제창한 '변증법'입니다. 이 역시 어렵게 생각할 필요 없습니다. 하나의 문제에 대해 찬성 의견과 반대 의견을 전부 끌어냅니다. 다수결로 그중 어떤 것이 옳은지 정하는 것이 아니라, 찬성자와 반대자 모두 서로의 입장에서 벗어나서 '모두에게 최적의 방법은 무엇인가?'를 생각합니다. 생각의 차원을 한 단계 올리는 일입니다.

저는 이것을 초등학교 3학년 때 배웠습니다.

가랑비로 소풍이 중지되었을 때, 반 아이들의 의견이 '그래도 가야 했다'와 '안 가길 잘했다'로 나뉘었습니다. 그때 선생님이 '가야 했다'고 생각한 사람과 '안 가길 잘했다'고 생각한 사람 각각에게 이유를 물었습니다.

여러 의견이 나왔습니다. '비가 내리는데 가면 도시락을 먹을 때 엉덩이가 젖을 것이다', '다음 주라고 맑을 거라는 보장은 없다' 등등. 의견이 모두 모이자 선생님은 '우리 반을 생각했을 때 어떻게 하는 것이 좋을까?'에 대한 의견을 말해보자고 말씀하셨습니다. 생각의 차원을 높인 것이죠. 그 결과 '오늘 급식은 소풍 온 것처럼 자유롭게 자리에 앉아서 먹자'는 아이디어가 나왔습니다. 이 토론은 아주 재미있는 사건으로 기억에 남아 있어요. 제 생각의 초석이 된 경험이지요.

　'의견이 맞지 않는 사람과 사는 세상'에서는 다수결로 정답을 찾으려 하지 말고 '변증법'을 이용해 모두에게 '딱 좋은 것'을 모색해야 합니다. 유리 씨 역시 꼭 알아두었으면 하는 사고방식입니다.

'결정하는 리더'가 되자

결론을 내리기 위한 마음가짐

유리 씨, 메일 감사합니다. '모두에게 딱 좋은 것을 찾는 일의 소중함을 알았다. 그래도 회의 중에는 결론을 내야 하니 의견을 수렴해 결론으로 이끄는 방법을 알고 싶다' 라는 글 잘 읽었습니다. 그래요. '정답'은 아니어도 '모두에게 딱 좋은' 결론을 내야 하지요.

마지막 레슨으로 '리더의 결론짓는 법'을 이야기하겠습니다.

말이 가벼운 사람을 결론을 내리지 못한다

'말이 가벼운 사람'이 있습니다. 어째서 '가볍다'는 느낌이 들까요? 이유는 두 가지입니다.

첫 번째는 '책임감이 없기 때문'입니다. 책임을 질 필요 없는 입장이니까 별 생각 없이 하고 싶은 말을 할 수 있습니다. 당연히 말도 가벼워집니다.

다른 하나는 '지식과 경험이 없기 때문'입니다. 지식과 경험이 없으면 결국 자신의 취향, 그 자리의 분위기, 그때그때의 감정으로 말할 수밖에 없습니다.

하지만 결론을 내리는 것은 당연히 책임을 수반하는 일입니다. '가벼운 말'은 배제해야 합니다.

① 결론에 책임을 질 것.
② 그 결론은 지식과 경험에 기반해 도출할 것.

결국 '결론'이라 불리는 것은 이 두 가지 요소를 함께 가지고 있어야 합니다.

책임의 소재가 분명치 않은 결론, 지식과 경험에 기반

해 도출한 것이 아닌 결론은 단순한 '보고'에 불과합니다.

회의의 리더로서 결론을 내리려 한다면 이 두 가지가 명확한지 확인합시다.

바람직한 리더의 모습

결론을 내리는 사람은 스트레스를 많이 받을 수밖에 없습니다. 때로는 타인에게 반감을 사고 미움을 받기도 합니다. 마지막으로 결론을 내려야 하는 리더의 마음가짐을 알아보지요.

우선은 '담력'과 '식견'이 있어야 합니다. '담력'이란 '무언가를 무서워하거나 겁먹지 않는 기운'입니다. 리더는 '식견'만 있어서는 안 됩니다. '담력'을 함께 갖추고 있어야 하죠. '말에 책임을 지고', '지식과 경험을 겸비'하려면 '담력'과 '식견'이 모두 필요합니다.

또 다른 하나는 '위엄'입니다. 평소에는 생글생글 웃어도 좋아요. 하지만 중대한 장면이라고 생각될 때는 위엄을 드러내며 말로 상대를 제압할 줄 알아야 합니다. 늘 이런 힘을 지닙시다. 간단히 말해 가볍게 보지 말라는 마음으로 상대를 대할 줄도 알아야 한다는 뜻입니다.

우리가 살아갈 앞으로의 사회는 이제까지의 상식이 통하지 않을 것입니다. 민주주의조차 지금과 같은 형태로 남을 거라고 장담할 수 없어요. 어떤 문제에 부딪혔다면 정답을 찾기보다 지금 시점에서 가장 적절한 답을 찾아야 합니다.

의견이 맞지 않는 사람과 살아가는 세상임을 잊지 말고 '담력'과 '식견', 그리고 '위엄'을 지니고 결론을 이끌어내는 사람이 됩시다. 응원과 갈채를 보냅니다.

마치며

2020년 4월 7일, 일본에서는 코로나19의 확산을 막기 위해 '긴급사태선언'이 발령되었습니다. 저는 그 달 말에 오랫동안 근무했던 직장에서 퇴직하기로 했던 참이라 매우 동요했습니다.

익숙한 일터를 떠나자마자 연말까지 예정되어 있던 강의와 강연이 모두 취소되었습니다. 스트레스 때문에 대상포진에 걸릴 정도였죠. 고통을 참으며 '앞으로 나는 어떻게 될 것인가'를 멍하니 생각하는 나날이 이어졌습니다.

이 책은 그 시기부터 쓰기 시작했습니다. 코로나 시대를 거치며 온갖 혼탁한 말들이 사회에 혼란을 가져왔습니다. 동시에, 말의 벽을 뛰어넘어 전 세계에 타인을 생각하는 마음과 용기를 되찾아준 것도 역시 말이었습니다. 그런 것을 옆에서 지켜보며 다양한 사람들의 고민에 대답했습니다.

'지금처럼 말이 얄팍해지고, 가벼워지고, 진실과 거짓이 뒤섞여 버리면 인류에게 큰일이 닥칠 것이다'. 이런 위기감을 강하게 품고 글을 써 나갔습니다.

글을 쓰며 많은 분의 도움을 받았습니다.

저와 함께 몇 번이나 토의하며 책을 조금이라도 더 좋은 방향으로 이끄는 노력을 아끼지 않았던 모든 관계자에게 감사합니다.

코로나는 누구보다 고령자에게 큰 위협이었습니다. 89세인 제 어머니는 시설에서 외출을 제한하는 바람에 인고의 하루하루를 보내고 있습니다. 그래도 불만 한마디 없이 "여기 들어왔으니까 난 행복한 거야"라고 전화로 말씀하셨습니다.

언제 어디서나 '마음을 움직이는 말'을 하는 어머니의 힘으로 저는 다음 단계로 나아갈 수 있었습니다.

무엇보다 책을 마지막까지 읽어주신 독자 여러분께 감사의 말씀을 드립니다.

여러분과 직접 만나, 직접 이야기할 수 있는 날이 오기를 기원하며 펜을 내려놓습니다.

감사합니다.

옮긴이 송지현 한국외국어대학교 일본어과 졸업, 동 대학교 일반대학원 일어일문학과 석
사 과정을 수료하였으며, 이후 도쿄대학 대학원 인문사회계연구과(일본문
화연구 전공) 석사 학위를 취득하였다. 현재 번역 에이전시 엔터스코리아 출
판기획 및 일본어 전문 번역가로 활동하고 있다.
주요 역서로는 《생각 비우기 연습》, 《끝까지 해내는 아이의 50가지 습관》,
《어떤 전쟁》, 《올빼미 연구 노트》, 《리얼 입체 종이접기》, 《고양이 의사 로베
르트》 등이 있다.

어른의 말센스

1쇄 발행   2023년 2월 22일
2쇄 발행   2023년 4월 14일

지은이   히키타 요시아키
옮긴이   송지현
발행인   이종원
발행처   (주)도서출판 길벗
브랜드   더퀘스트
주소   서울시 마포구 월드컵로 10길 56 (서교동)
대표전화   02) 332-093   **팩스**   02) 322-0586
출판사 등록일   1990년 12월 24일
홈페이지   www.gilbut.co.kr   **이메일**   gilbut@gilbut.co.kr

책임편집   송혜선(sand43@gilbut.co.kr)   **제작**   이준호, 손일순, 이진혁, 김우식
마케팅   한준희, 김선영, 류효정, 이지현   **영업관리**   김명자, 심선숙
독자지원   윤정아, 최희창
디자인   나침반   **CTP 출력 및 인쇄**   예림인쇄   **제본**   예림바인딩

ISBN 979-11-407-0317-3 (03190) (길벗 도서번호 040227) 정가 : 17,800원